KB202512

청 소 년 들 에 게  보 내 는

# 사랑과 책임의
# 성교육 편지

# 2

식별력과 책임을 강조하는 인문학적 성교육

청소년들에게 보내는

# 사랑과 책임의 성교육 편지

# 2

이광호 지음

참과 거짓을 가려볼 수 있는 능력을 키워 주는
미디어 리터러시(media literacy) 성교육

좋은땅

발간사

이 책은 2014년과 2015년에 천주교 서울 대교구 청소년 주보인 '하늘마음'에 연재한 글을 '식별력', '책임', '존중', '순결', '생명'의 다섯 가지 주제로 재구성하여 엮은 성교육 편지입니다.

성적인 판단을 하려면 기준 즉 식별력이 필요하고, 그렇게 판단하고 행동하더라도 행동 이후에는 반드시 책임이 필요하며, 성은 남녀의 인간 관계이기 때문에 존중이라는 태도가 필수적이고, 이 존중이라는 차원에서는 순결이 폐기되어야 할 악이 아니라 보존해야 할 소중한 가치이며, 성이 인간 생명과 직결된다는 이야기가 이 책의 주내용입니다.

상식적인 내용들이지만 우리가 사는 이 시대에는 거의 간과 내지는 폄훼되고 있는 주제들이어서 청소년들이 이런 이야기를 심도 있게 들어볼 기회가 거의 없습니다. 그래서 '식별력', '책임', '존중', '순결', '생명'의 다섯 가지 성적 가치를 청소년들이 쉽게 이해할 수 있도록 체험담 중심의 편지 형식으로 책을 구성하였습니다.

시대는 바뀌니까 순결 이데올로기를 폐기하고, 청소년들도 성관계를 얼마든지 자유롭게 할 수 있게 해야 하고, 그래야만 청소년들이 행복한 삶을 살 수 있고, 임신은 피임법(콘돔과 피임약 등)으로 해결할 수 있으니 청소년들에게 적극적인 피임 교육을 시켜야 한다는 것이 이 시대 성교육의 주류 담론입니다. 구글이나 유튜브에 '청소년 성교육'이라는 키워드를 넣으면 위와 같은 내용들만 압도적으로 검색되고, 수백만 건의 조회수를 보여줍니다.

위 내용들이 시대적 대세이고 새 시대의 새로운 성교육인 반면, '식별력', '책임', '존중', '순결', '생명'은 구시대의 성교육으로 보일 수 있습니다. 그러나 어느 것이 진리와 진실에 부합하며 사람을 진정한 행복으로 인도하는지는 심각하게 따져봐야 할 문제입니다.

헬레나 노르베리 호지가 쓴 『오래된 미래(Ancient Futures)』라는 책이 있습니다. 저자는 현대의 소비주의와 물질주의가 사람을 행복하게 해 줄 것 같지만, 그런 삶의 방식은 지속가능하지 않을 뿐더러 오히려 인류를 고통스럽게 하기 때문에 미래는 반드시 과거의 인간들이 살았던 방식으로 되돌아온다는 예측을 합니다. 그러니까 미래의 내용이 과거라는 뜻이고, 그래서 '오래된 미래'라는 역설적인 제목이 책에 붙여진 것입니다.

이 책 『청소년들에게 보내는 사랑과 책임의 성교육 편지 2』가 전달하려는 '식별력', '책임', '존중', '순결', '생명'의 성교육도 오래된 가치를 품은 미래의 성교육입니다. 미래 사회가 결국 다시 돌아가서 어린이와 청소년들에게 가르칠 성교육도 '식별력', '책임', '존중', '순결', '생명'이 될 것이라는 뜻입니다.

남녀가 성적으로 결합하면 인간 생명이 생깁니다. 인위적인 피임을 한다 해도 완벽한 피임이란 존재할 수 없기 때문에 성적 결합은 생명으로 이어지고, 그렇기 때문에 성교육의 첫 번째 주제는 생명이 되어야만 합니다. 그리고 이 새 생명은 반드시 인간 남녀가 돌보아야 하기 때문에 자연스럽게 성교육의 두 번째 주제는 피임이 아니라, 책임이 되어야만 합니다. 또한 남녀 사이에 이 책임의 동반자 정신이 나오려면 이 두 남녀는 성관계를 하기 이전에 인격적 신뢰 관계를 먼저 구축해야만 합니다. 그래서 성교육을 세 번째 주제는 인격이 될 수밖에 없는 것입니다. 이 책 『청소년들에게 보내는 사랑과 책임의 성교육 편지 2』는 이 상식적인 이야기를 자세하게 풀어서 설명했습니다.

　미래의 성교육은 이 전통적 가치를 재발견하여 다시 가르칠 것입니다. 미래의 성교육이 새로운 길인 것 같지만 사실은 오래된 길이라는 뜻입니다. 시행착오를 심각하게 겪으면서 진리로 돌아오는 사람도 있지만, 남이 겪는 시행착오를 잘 관찰함으로써 굳이 고통스러운 경험을 하지 않고 행복의 영역에 들어오는 사람도 있습니다. 그래서 저는 이 오래된 미래의 성교육을 먼저 받아들이는 청소년들이 소수라도 생기기를 바랍니다. 그리고 이 오래된 새 길을 먼저 가면서 자녀와 제자들에게 진리를 소개해 주시는 부모님과 교육자가 더 많이 나오기를 바랍니다.

2020년 6월 25일
사랑과 책임 연구소 이광호 올림

추천사

## 이재영

서울 중동고등학교 보건교사

한국 학교보건학회 총무이사

서울 중등 미디어리터러시 성교육연구회 대표

4년 전 교육청 성교육 교사 연수에서 사랑과 책임 연구소 이광호 소장님의 강의를 처음 접하고 난 후, 학교에서 교육자이자 의료인 그리고 청소년 상담가로서 성교육 및 성 관련 사안 상담을 담당하고 있던 20년 차 보건 교사인 저의 머리와 가슴에 섬광 같은 날카로운 충격이 스쳤습니다. 나름 학생들에게 피임 실습까지 포함한 성교육을 열심히 잘(?)하고 있다고 자만하고 있던 제 자신이 한없이 부끄러웠고, 나에게 수업을 들었던 제자들에게 낯설고 불편한 진실을 용기 있게 알려 주지 못한 어른으로서 미안한 마음이 컸습니다.

특히 10년 전 성교육 피임법 콘돔 실습 시간에 자신은 어른이 돼서 필요하면 하겠다면 실습을 거부한 두 남학생의 얼굴 표정이 선명하게 떠올랐습니다. 임신을 피하는 피임. 100% 완벽한 피임은 없어서 피임에 실패하면 자연스럽게 인공임신중절, 영아유기, 미혼부모 등의 인생에서 계획하지 않은 불행한 사건으로 연결되어 청소년 자신을 힘들게 할 수 있다는 사실과 함께 인간은 자신의 모든 행동에 책임을 져야 하는 진리와 그 책임지는 법을 교육이라는 과정을 통해 배우게 하는 것이 성교육임을 깨닫게 되었습니다.

이광호 소장님의 『청소년들에게 보내는 사랑과 책임의 성교육 편지 2』는 우리 청소년들이 안전하고 건강한 성적 존재로 성장하기 위해서 성적 자기결정권을 행사하기에 앞서서 중요하게 인지되어야 할 '성적 판단에 필요한 식별력'과 '성적 행동에 따르는 책임'에 대해 쉽게 접근하고 이해할 수 있도록 구성되어 있습니다. 청소년들과 물리적·심리적으로 가깝게 지내는 언니, 오빠, 형, 누나, 학교 선생님께서 성과 사랑과 관련된 이야기를 들려 주십니다. 그동안 간과했던 '익숙한 거짓 그리고 낯설고 불편한 진실'에 대해서 솔직하게 풀어내 주셨습니다.

뿐만 아니라 아직 사회적 합의가 이루어지지 않아 다소 불편할 수도 있지만 마땅히 존중받아야 하는 소수의 이야기—동성애 성향을 가진 남학생의 치열한 고민, 또래 친구들이 비웃음에도 꿋꿋하게 지키겠다는 절제, 순결 등—에 대해서 객관적으로 깊이 숙고해 볼 수 있는 귀한 교육적 시간을 가질 수 있으리라 생각됩니다.

이광호 소장님의 성교육에 대한 철학이 담긴 책 『청소년들에게 보내는 사랑과 책임의 성교육 편지 1』과 『부모와 교육자가 알아야 할 깨달음의 성교육』은 제가 학교 현장에서 학생, 선생님, 학부모를 대상으로 하는 성교육 시간에 중요한 학습 도구이자 든든한 무기가 되어 주었습니다. 이번 『청소년들에게 보내는 사랑과 책임의 성교육 편지 2』 또한 학생, 선생님, 학부모가 대중매체에서 알려 주지 않는 낯설고 불편한 진실에 대해 깨우치고 성적 존재로서 자유로워지는 데 큰 도움이 될 것이라고 생각합니다.

　소장님께서 오랫동안 학교 밖의 성교육 전문가로서 활동하시면서 쌓아오신 식견과 철학으로 만들어진 이 책을 통해 대한민국 청소년들이 생명·사랑·책임의 성을 정확하게 이해하고, 자신과 타인의 성과 사랑에 위험한 요소를 피하고 긍정적인 영향을 주도록 바르게 식별해서 선택하고 추구할 수 있는 능력을 키우고 실천하는 데 귀한 길잡이가 되도록 하나님께 기도드립니다.

2020년 6월

추천사

# 전희정

서울 성자초등학교 보건교사

서울특별시 보건교사회 학술이사

"좋은 성교육 선생님을 만나야 합니다."라는 본문의 말이 초등학교에서 20년 넘게 성교육을 해 온 저에게는 큰 울림으로 가슴 속 깊이 남아 있습니다. 이 책은 제가 '좋은 성교육 선생님'이었는지를 반추하게 해 주었을 뿐 아니라, '좋은 성교육 선생님'의 기준은 무엇인지에 대한 답을 찾을 수 있도록 안내해 주었습니다.

이 책에 소개된 대학생들의 사례는 이들이 청소년기에 겪었던 성과 관련된 고민과 문제들이 올바른 성가치관을 형성해 주는 성교육의 부재였음을 보여 줍니다. 그래서 현재 어린이 청소년들에게 실효성 있는 학교 성교육의 방향에 대해 고민하고 있는 교사라면 이 책을 꼭 읽으시라고 추천하고 싶습니다.

'나'와 '너'라는 인간 생명의 출발점이 되는 성의 소중한 가치는 불변하기에, 인간의 존엄성을 바탕으로 한 사랑과 책임의 성교육은 시대가 변한다 할지라도 어린이 청소년에게 반드시 필요합니다. 이 책은 이런 교육이 왜 필요한지에 대한 구체적인 답을 찾을 수 있도록 도와줍니다.

또한 누구보다도 학생들이 '좋은 성교육 선생님'을 만나기를 바라는 사람은 학부모일 것입니다. 자녀가 올바른 성가치관을 가지고 바람직한 인격을 갖춘 어른으로 성장하도록 학교 성교육에 지속적인 관심과 협력이 필요함을 부모님들께 당부 드리며 가정에서의 '가장 좋은 성교육 선생님'이 부모님이시기 때문에 부모님들께도 이 책을 추천 드립니다.

"내가 어리석게 허비한 청소년 시절을 지금의 청소년이 똑같이 겪게 하고 싶지 않다."라는 어느 대학생의 후회와 반성의 글을 학교 성교육에 임하는 성교육 담당교사로서 늘 마음에 되새길 것입니다. 현장에서 학생들에게 도움이 되는 성교육 연찬(研鑽)에 대한 마음가짐을 갖도록 이 책을 통해 도움을 주신 사랑과 책임 연구소 이광호 소장님께 감사 드립니다.

2020년 6월

# 목차

## 성적 판단에 식별력은 왜 필요할까?

## 성적 행동에 책임은 왜 필요할까?

## 성과 관련된 존중의 의미는 무엇일까?

## 순결은 정말 버려야 할 구시대적 족쇄일까?

# 성은 인간 생명과 직결된다

# 성적 판단에
# 식별력은
# 왜 필요할까?

# 속는 일이 없도록
# 조심해야 하는 성(性)

세상에는 여러 가지 생각들이 있고, 그것들 중에는 많은 사람들의 지지를 받는 강력한 생각이 있습니다. 이런 생각을 주류 혹은 다수 의견이라고 하고, 그와 다르거나 반대되는 입장을 비주류 혹은 소수 의견이라고 합니다. 성(性)에 대한 이 시대의 다수 의견과 소수 의견은 무엇이고, 그것은 어떻게 다를까요? 아래 두 편의 글을 읽어 보면서 이 둘을 잘 구별해 보세요.

**사례 1**

나의 중고등학교 친구들 중에서 중학교 때 성관계를 가져본 친구들이 꽤 있다. 그 당시 나는 친구들의 경험 이야기를 듣고 적잖은 충격을 받았었다. 나는 그때 무언가 잘못되었다는 생각에 친구들을 나무랐지만 속으로는 '어떨까?' 하는 호기심도 있었다. 그리고 대학생이 된 지금, 술자리에서 그 친구들과 이야기를 할 때 난 아직도 경험이 없고, 여자친구를 다치게 하고 싶지 않고, 절제력 있게 살고 싶다는 말을 하면 친구들은 지금 시대에 그게 무슨 자랑거리냐며 나를 비웃듯이 이야기를 한다.

나의 친구들은 결코 질이 나쁜 아이들이 아니다. 내 친구들은 성실하게 공부했고 대체로 명문대에 진학했기 때문에 세상에서 엘리트라고 불려도 별 손색이 없는 아이들이다. 그런데 이런 나의 친구들조차도 성에 대한 인식은 이런 수준뿐이다. 이 시대에 자랑거리 아닌 자랑거리를 가지고 있는 나! 이런 나도 언제까지 이런 대단한(?) 동정 혹은 순결이라는 자랑거리를 자랑할 수 있을지 모르겠다. 이번 강좌를 듣고 여자친구를 아껴 주고 절제와 책임 의식을 가지고 살아가려는 나의 성태도에 대해 다시 한 번 생각해 보고 흡족해했다.

하지만 시간이 지나면 지날수록 나 역시 흔들리고 혼돈스럽다. '나만 빼고 온 세상이 다 그렇게 살아가는 것은 아닌가?' 하는 생각이 들기 때문이다. '내가 이상한 건가?' 하는 생각이 들기도 하지만, 나는 사랑하는 여자친구를 임신이라는 공포에 몰아넣고 불안하게 하고 싶지 않다. 그리고 나 역시 그 불안한 삶을 살고 싶지 않다. 여자의 경우 한 달에 한 번씩 불안해하고, 남자도 갑자기 여자친구에게서 전화나 문자가 올 때 깜짝깜짝 놀라야만 하는 그런 삶이 내 눈에는 전혀 행복으로 보이지 않는다.

그렇기 때문에 나는 내가 지키고 싶은 가치를 지키면서 살고 싶고, 세상과 친구들이 나를 비웃어도 나 자신을 스스로 대견하다고 여기며 격려하려고 한다. 다만 안타까운 것은 우리 나라 청소년들 중에는 나와 비슷한 생각을 가지는 아이들이 매우 적다는 사실이다. 나는 강의를 들으면서 나와 세상을 돌아보고 혼돈을 극복할 수 있었는데, 이런 강의나 가르침을 들어 보지 못해서 스스로 생각해 볼 기회조차 없는 청소년들이 딱하다는 생각이 든다.

**사례 2**

난 결혼 전에 성관계를 갖는다는 생각조차 해 본 적이 단 한 번도 없다. 어렸을 때부터 부모님께 성교육을 받았다. 지금까지 남자친구를 사귀면서 성관계를 가진 적이 단 한 번도 없었을 뿐더러 이성과 단둘이 여행을 가본 적도 없다. 난 누구나 나처럼 이런 생각을 가지고 있다고 생각했지만 이건 착각이었다. 대학을 들어오고 난 후 친구들 얘기를 들어보면 정말 오늘 강의 내용이 거의 내 주변 사람들의 실제 이야기들이다. 내 주변 친구들은 자기 자신이 정말 사랑하는 사람이 생긴다면 결혼 전에도 충분히 성관계를 가질 수 있다고 생각하고, 그것이 행복이라고 생각한다.

난 이 점을 도저히 이해할 수 없었다. 이러다 정말 임신이라도 하면 인생은 한방에 가기 때문이고, 임신과 생명에 대해서 깊은 고려가 없는 사랑이 진정한 사랑인지에 대해서 큰 의문이 있기 때문이다. 대학 와서 친구들과 이야기하면서 난 정말 이런 성적인 면에서 내 친구들과는 전혀 다른 세상에 살고 있다고 느낌이 들 정도였다.

친구들과 있을 때 이런 주제가 나오면 친구들은 나보고 너무 틀에 박혀 살고 있다고 비난한다. 오픈 마인드를 가지라고 말이다. 그러곤 아이들은 나를 설득시키려 온갖 노력을 다 하지만 난 단번에 끊는다. 난 결혼

전에 성관계를 가지지 않고 절제하는 것이 절대 이상하다고 생각하지 않기 때문이다. 성관계를 쉽게 결심하고 행동에 옮기는 것은 오픈 마인드이면서 좋은 것이고, 성과 사랑 그리고 생명과 책임 그리고 결혼에 이르기까지 생각을 깊게 하며 신중한 태도를 보이면 꽉 막힌 것이라는 생각은 도대체 어디서 온 것인지 나는 모르겠다.

나는 우리가 성장하는 환경이 중요하다고 생각한다. 나는 대한민국에서 청소년들이 성교육을 제대로 받을 수 있는 길은 부모님을 통해서라고 생각한다. 중고등학교 때나 지금이나 내가 받은 성교육은 콘돔 사용법이다. 그저 성이 임신만 안 하면 된다는 것인가? 그러므로 청소년들을 위한 일회적인 성교육 행사보다는 부모님들이 자기 딸과 아들들에게 성교육을 직접 제대로 시켜야 한다고 생각한다.


이 시대를 지배하는 성에 대한 다수 의견은 '성은 청소년 때부터도 자유롭게 즐길 수 있고, 임신만 안 하면 된다.'라는 생각입니다. 많은 사람들이 여기에 동조하고 있고, 성을 생명이나 책임 그리고 결혼과 연관시켜서 깊게 생각하려는 사람들이 오히려 핍박을 당하고 있는 것이 솔직한 현실입니다. 무엇이 성에 관한 진실이고, 우리는 무엇을 따라 살아야 할까요?

남녀가 성관계를 시작하면 그 두 사람의 의지와는 무관하게 그 성관계는 생명을 향해 나아갑니다. 피임을 해도 임신의 확률이 조금 낮아지는 것이지 근본적으로 임신이 차단되는 것은 아닙니다. 이것이 분명한 사실임에도 불구하고, 수많은 사람들은 피임법이 있으니까, 콘돔 쓰고 피임약 먹으면 되니까 자유롭게 성관계를 해도 된다고 생각하고 실제로도 그 거짓을 따라 살아갑니다. 이런 삶의 태도는 성을 놀이처럼 다루기 때문에 인간과 그 생명까지도 물건처럼 가볍게만 취급하고, 결국 "피임 실패로 생긴 인간 생명은 낙태해야 하고, 이것은 인권이다."라는 주장을 하게 합니다. 이런 혼란한 시대에 예수님께서 하신 말씀을 여러분에게 드립니다.

"너희는 속는 일이 없도록 조심하여라. 많은 사람이 내 이름으로 와서, '내가 그리스도다.' 또 '때가 가까웠다.' 하고 말할 것이다. 그들 뒤를 따라가지 마라." (루카 21:8)

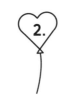

# 내가 보는 것이
# 나를 만든다

아래는 남자 청소년들을 위한 대학생 형님의 글입니다. 잘 읽어 보시고, 여러분들의 초등학교 때의 삶 그리고 지금 청소년으로서의 삶을 잘 살펴보세요.

**사례**

초등학교 시절(2000년대 초중반), 인터넷의 보급은 우리들을 완전히 뒤바꿔 놓았다. 그 당시 가장 유행했던 키워드는 바로 '엽기'란 단어였다. '엽기'란 단어의 정확한 의미도 모른 채 모두 인터넷 검색창에 '엽기'를 검색하고 찾아봤다. 지금도 물론이지만 그때도 '엽기'라는 단어를 검색하면 성인 음란물이 연관 자료로 같이 표시되었다.

처음에는 정상적인 초등학생의 대화에서는 다루지 않는 주제, 예를 들면 배변이나 구토, 욕설 등을 다룬 애니메이션, 플래시 무비들을 보았다. 초등학생으로서 접하지 말아야 할 자료를 초등학생이 접한다는 느낌, 어른이 된 듯한 느낌, 내 나이를 초월한 듯한 느낌을 주변의 친구들과 함께 공유하면서 단순히 웃고 넘기는 것을 지나 그런 자료들에 자기도 모르게 중독되어 버렸다. 급기야는 음란물까지 시청하기에 이르렀고, 그 또한 친구들과 공유하면서 우리들만의 비밀이 되었다. 심지어 '음란물을 봤다'를 기준으로 또래 집단이 형성되면서 다양한 종류의 음란물을 마구 아무렇지 않게 접하게 되었다.

내가 다녔던 초등학교에서 일어났던 일은 지금 생각해 보면 정말 충격 그 자체라고 할 수 있다. 부모님들이 그 모습을 보았다면 어떤 '사건'이 발생했을지 상상이 가지 않을 정도다. 음란물을 상대적으로 늦게 접하는 여학생들에 비해 남학생들은 이미 성에 관해 모든 것을 알고 있는 박사가 되어 있었다. 몇몇 남학생들은 야외 수도꼭지에서 허리를 숙여 손을 씻는 여학생의 뒤로 다가가 후배위를 연상시키는 행위를 하기도 했다. 남학생들은 그 모습을 보고 깔깔대고 웃지만 여학생들은 그저 어리둥절할 뿐이었다. 남학생들끼리 웃고 즐기는 시간에도 성은 너무나도 가볍게 이용되고 있었다. 섹스를 외치고 다니기 일쑤였고 학교 컴퓨터로 음란물을 함께 시청하면서 왜곡된 성을 즐겼다. 성은 소중한 것이 아니라 그저 즐겁고 쾌락적인 것이 되어 버린 셈이다.

요즘 유행하는 대중문화인 K-pop은 사실 우리가 인터넷만으로 잘못된 성관념을 갖게 되었던 때보다 훨씬 심각한 문제를 지니고 있다. 인터넷은 자신이 찾고자 하는 내용의 키워드를 알아야 찾아볼 수가 있다. 즉, 자신이 찾고자 하는 것에 대해 알고 있어야 한다는 것이다. 하지만 TV를 통해 전국으로 방송되는 K-pop은 경우가 다르다. TV가 없는 집이나 TV가 있어도 TV를 보지 않는 경우가 극히 드물 뿐 아니라, TV는 모든 것을 일방적으로 전달하기 때문이다. 단순히 K-pop의 섹시 댄스의 영상만으로 아무런 의미를 해석할 수 없다 하더라도 인터넷을 통하면 모든 것을 여과 없이 알 수 있기 때문이다. 이렇게 TV와 인터넷의 결합은 어린이 청소년들에게 왜곡된 성의식을 형성시키는 현상을 더 증폭시키는 것이다.

잘못된 성을 어린 나이부터 쉽게 접하다 보니 첫 성경험 나이는 상상도 할 수 없을 정도로 낮아졌다. 왜냐하면 그들에게 성은 단순히 쉽게 즐기는 게임에 불과하기 때문이다. 사랑과 성, 그 뒤에 필연적으로 따라오는 생명과 책임에 대해서는 조금도 생각할 수 없기 때문이다. 콘돔과 피임약 회사들도 청소년들이 생명이나 책임에 대해 생각하지 않고 쉽게 성관계하도록 거들고 있다. 10대 청소년과 20대 초반 청년들의 성관계를 부추기는 방식으로 광고를 하고 있기 때문이다.

콘돔과 피임약 회사는 막대한 돈을 들여 공공장소에서 쉽게 볼 수 있는 광고를 청소년들을 겨냥해서 내보낸다. 콘돔 광고나 피임약 광고나 하는 말은 모두 똑같다. 피임약이 여성의 호르몬 체계를 바꿔서 복통이나 피부 노화 등의 여러 부작용을 발생시키지만, 광고 속의 연기자들은 뽀얀 피부를 자랑하며 항상 즐겁다. 그리고 끊임없이 스무 살 젊은 나이임을 강조한다. 콘돔과 피임약 광고에 나이가 든 연기자는 찾아보기가 힘들다. 콘돔 풍선으로 만든 강아지가 교미를 하는 그림 등은 성의 가치를 아주 가벼운 이미지로 깎아내린다.

"이 피임약만 사용하면, 이 콘돔만 사용하면 어떤 임신도 피해갈 수 있다! 젊은 나이에 하는 성관계는 지극히 아름답고 당연한 것이고, 우리가 그 안전을 보장하겠다."라고 광고는 말한다. 마치 옛날 영화 속 싸구려 약장사가 "이 약으로 말할 것 같으면!" 하며 만병통치약이라고 모여선 사람들을 속이는 것과 같다. 하지만 피임을 하더라도 불안하기는 마찬가지다. 수업 중에 봤던 여학생들의 자기 경험담은 구구절절 우리들에게 와닿는 내용들이었다. 피임이 결코 근본적인 해결책이 될 수 없음을 가슴 깊이 느낄 수 있었다.

또 다른 문제점은 대한민국 사회의 이해할 수 없는 법제도가 모든 책임을 임신한 여자가 지게 만든다는 사실이다. 수업 시간에 본, 미국이나 유럽의 선진국에서 여자를 임신시킨 남자(일명 미혼부)에게 국가가 끝까지 책임을 다하도록 추궁하는 제도에 대한 영상은 충격적이었다. 한국에서는 상상도 못 했고 또 전혀 찾아 볼 수 없는 정책이었기 때문이었다. 아기 아빠에게 그 정도로 엄격하게 책임을 묻는 나라에서는 누구든 쉽사리 성을 게임이라고 생각하지 못할 것이다. 이미 많이 늦기는 했지만, 우리 나라에서도 성을 누렸을 때 본인이 어떤 책임을 져야 하는지에 대해 명확히 알 수 있도록 각성시키는 성교육이 절실히 필요하다고 생각한다.

독일의 문필가 마틴 발저는 "내가 보는 것이 나를 만든다."라고 했습니다. 여러분들이 그저 재미있다는 이유로 매일 그리고 어떤 날은 밤새도록 스마트폰으로 인터넷으로 TV로 보고 있는 것들이 여러분의 삶을 만듭니다. 그리고 그것이 결국 여러분의 삶을 크게 망칠 수도 있습니다.

이 글을 읽고 크게 느끼는 바 있는 청소년들은 스마트폰을 절제하는 삶을 살면 좋겠습니다. 스마트폰을 부모님께 반납하고 폴더폰으로 바꿔 달라고 하거나 아니면 아예 폰 없는 삶을 사는 것도 좋습니다. 청소년 시절 스마트폰 없이 사는 시간이 오히려 여러분 인생 전체에 더 없는 소중한 선물을 줄 수도 있습니다. 모든 것은 여러분의 선택입니다. 성경 말씀한 구절을 선물로 드립니다.

주님께서 이렇게 말씀하신다. "갈림길에 서서 살펴보고 옛길을 물어보아라. 좋은 길이 어디냐고 물어 그 길을 걷고 너희 영혼이 쉴 곳을 찾아라. 그러나 그들은 '그 길을 가지 않겠습니다.' 하였다. 내가 너희에게 파수꾼들을 내세웠으니 나팔 소리를 귀여겨들어라. 그러나 그들은 '귀여겨듣지 않겠습니다.' 하였다. (예레미야 6:16-17)

# 걸그룹 댄스,
# 다시 한 번 생각해 보세요

사랑하는 청소년 여러분! 많은 학교에서 축제 때 걸그룹 댄스 공연을 하고 있지요? 여러분이 다니고 있는 학교에서도 그랬을 것입니다. 여러분들이 좋아하고 열광하는 춤과 노래에 대해서 깊게 생각해 보신 적이 있나요? 아래 대학 1학년 언니(누나)의 글을 읽으면서 당연하게만 생각했던 것들에 대해서 다시 생각해 봤으면 좋겠습니다.

**사례 1**

'현대 사회와 성'이라는 수업은 나에게 새로운 눈을 뜨게 해 주었다. 지금까지 내가 보고, 듣고, 좋아했던 것들이 알게 모르게 성과 연관되어 있었다는 사실을 알게 되었기 때문이다. 또한 정교한 성적 메시지가 미디어를 통해서 사람들의 무의식 속에 침투할 수 있다는 사실에 대해서도 곰곰이 생각할 수 있게 해 주었기 때문이었다.

얼마 전, 한강 둔치에서 남자친구와 함께 현아의 '빨개요'를 주제로 심도 있는 토론을 하였다. 한창 인기몰이를 하고 있는 현아의 '빨개요'가 과연 정말 들을 만한 가치가 있는 노래인지에 관해 우리는 논쟁을 했다. 남자친구는 어차피 즐기려고 듣는 노래인데 뭐가 그렇게 문제냐고 했지만, 나는 그 노래가 들을 만한 가치가 없다고 판단했다.

그 이유는 가사 내용과 뮤직 비디오의 영상 때문이었다. 직접 그 노래를 들으면 알 수 있듯이, 그 노래는 대놓고 성관계를 강조한다. '원숭이 엉덩이는 빨개, 빨가면 현아, 현아는 Ah~'가 '빨개요' 가사의 일부이다. 이 부분에서 우리는 자연스럽게 Ah의 뜻으로 '현아는 맛있어'를 연상해 낼 수 있다. 맛있는 음식으로 표현되는 여성, 현아가 가지는 의미가 이 뮤비 안에서 과연 무엇일까? 성관계 말고 다른 무엇이 되기는 어려울 것이다.

또한 '밤마다 내가 생각나 like 매콤한 라면'에서도 이 노래가 성관계에만 초점을 맞추고 있음을 확인할 수 있다. '매콤한 라면'이 어째서 야한 말일까? 여기에서 쓰인 '라면'의 기원은 인터넷 방송인 아프리카의 한 여자 BJ의 말이다. 한 시청자가 아기는 어떻게 생기냐는 질문에 그 BJ는 "라면 먹고 갈래?"라고 대답했는데 그 영상이 선풍적인 인기를 끌었다. 따라서 이 가사는 남자에게 성관계를 해 달라고 요구하는 현아의 이미지를 떠올리게 하는 것이다.

나는 이런 이유를 들며 이 노래가 어린이 청소년들의 정서와 성의식 형성에 좋지 않고, 자극적인 가사와 이미지만으로 돈만 벌어들이려는 천박한 상술이라고 비난했지만, 남자친구는 미국의 예시를 들며 내 말을 반박했다. 미국도 레이디 가가 같은 가수들이 얼마나 성적인 언어를 사용하며 노래를 하는데 왜 현아만 못하게 하냐는 것이었다. 이 부분에서 나는 말문이 막혔다. 하지만 수업을 듣고 난 후에는 자신 있게 이 부분에 대해 논리적 반박을 할 수 있게 되었다.

첫 번째는 우리 나라는 생명을 돌보는 법적 사회적 제도가 너무도 취약하다는 점이다. 성교육에서 그저 피임의 중요성만 강조할 뿐, 막상 임신이 되었을 때는 아무런 대책이 없는 것이 우리 나라의 실정이다. 성에는 생명의 문제가 반드시 결부된다. 그렇기 때문에 성은 개인만의 사생활이 아니라, 가정과 공동체 등 사회적 문제를 함께 생각해야 한다. 그런데 이런 큰 문제를 피임법과 같은 생물학적 방법으로만 해결하려고 하는 것 자체가 잘못된 것이다.

우리 나라에는 미혼모나 임신한 청소년 등을 위한 대책이 거의 없다. 사회적으로는 전혀 준비가 되지 않는 상태에서 청소년들은 연예인들이 보여 주는 문란하고 자극적인 퍼포먼스를 좋아하고 따라한다. 그리고 섹스가 노래에서와 같이 그냥 잠깐 즐기는 유희라고 생각하는 청소년들이 많은데, 그 생각을 행동에 옮겨서 임신을 했을 때, 낳아서 키우는 극히 소수도 있겠지만, 그들이 선택할 수 있는 행동은 거의 낙태뿐이다.

이에 비해서 외국은 법적으로 미혼모와 어린 생명을 철저하게 보호한다. 미국의 경우에는 여자가 임신할 경우 남자에게 책임을 끝까지 묻는다. 아이의 양육비를 강제하는 것이 법으로 규정되어 있는 것이다. 그런데 우리 사회는 어떤가? 일단 사회 구조부터가 다른 것이다. 자극적인 노래와 짧은 바지를 입은 여성이 바나나 위에 올라타서 온갖 성적 흥분을 일으키는 퍼포먼스를 하고, 청소년들을 그것을 보고 판타지를 가지게 된다. 그리고 그 환상을 이루기 위해서 성행동을 하기 쉬운데,

그 뒷감당을 하기에는 우리 사회의 제도가 너무도 부실하다.

두 번째는 성적 요소를 포함한 노래나 광고들이 목표로 한 연령대가 많이 다르다는 사실이다. 나는 청소년 시절 외국에서 5년을 살면서 단 한 번도 청소년을 겨냥한 콘돔 광고나 K-pop 같은 자극적인 노래를 보지 못했다. 남자친구의 말처럼 레이디 가가나 에미넴 같은 유명 가수들은 성적인 노래를 부르더라도 성인을 대상으로 음반을 낸다. 외국에도 10대 청소년을 대상으로 하는 문화산업이 있지만, 저스틴 비버나 백스트리트보이즈처럼 귀엽고 깜찍한 노래를 부르는 가수들 위주다. 하지만 한국은 노골적으로 청소년들에게 자극적인 음악을 강요하고 소비시킨다.

한국의 중고등학생들은 가수에 미친다. 그들은 요즘 유행하는 노래에 민감하고, 그것을 듣지 않으면 남들에 비해 뒤쳐진다고 생각한다. 한 아이돌 그룹에 열광하고, '강남스타일'처럼 해외에서 그 노래가 대박이 났다고 하면 우르르 몰려가 그 노래를 신격화한다. 그런 청소년들에게 우상이 되는 가수들이 성관계를 권장하면 어떻게 될까? 청소년들은 너도나도 그 가수를 따라하려 할 것이다.

이처럼 한국은 사회적으로는 성숙하지 않았는데, 청소년들은 대중문화와 아이돌을 숭배하면서 성관계를 우습게 보는 경향이 있다. 마냥 음악이 좋다고, 내가 좋아하는 아이돌이라고 해서 생각 없이 좋아할 것이 아니라, 광고든 음악이든 그 숨은 뜻을 간파하고, 잘 골라서 듣는 스마트한 소비자가 되어야 할 것이다.


청소년 여러분! 지금 이 시대에는 내가 좋아하고 내가 사랑하고 내가 즐기는 그것이 결국에는 나를 병들게 할 수 있습니다. 문화라는 이름으로 포장되어 여러분에게 제공되는 백해무익한 것들을 더 이상 사 먹지 마세요. 하느님의 말씀을 선물로 드립니다.

"자, 목마른 자들아, 모두 물가로 오너라. 돈이 없는 자들도 와서 사먹어라. 와서 돈 없이 값없이 술과 젖을 사라. 너희는 어찌하여 양식도 못 되는 것에 돈을 쓰고, 배불리지도 못하는 것에 수고를 들이느냐? 들어라, 내 말을 들어라. 너희가 좋은 것을 먹고 기름진 음식을 즐기리라. 너희는 귀를 기울이고 나에게 오너라. 들어라 너희가 살리라." (이사야 55:1-3)

# 4.

# 성관계! 친구들이 하니까
# 나도 해야 하는 걸까요?

"대한민국 평균 연애 횟수 4.2회, 평균 첫경험 나이 19.4세, 평균 첫키스 나이 18.2세, 평균 사귄 후 잠자리까지 시간 29.3일, 평균 사귄 후 첫키스까지 시간 6.7일" 한동안 페이스북에 수없이 공유되어 떠돌아다닌 대한민국 평균 연애진도표입니다.

'대한민국 평균, 평균 미달인 녀석들 반성해라. 반성 중'이라는 소개글에 댓글도 무수히 달렸습니다. 정확한 통계인지는 알 수 없지만, 이 시대의 성문화를 정확히 보여 주는 내용인 것만은 확실합니다.

이성교제를 시작하면, 정말로 일주일 안에 키스해야 하고 한 달 안에 성관계를 해야만 하는 것일까요? 도대체 이런 법칙은 어디서 생긴 것일까요? 대학생 언니와 형의 글을 보면서 깊은 생각을 해 보겠습니다.

## 사례 1

나는 성관계와 그에 따르는 책임에 대해 깊게 생각해 본 적이 없다. 그걸 가르쳐 주는 교육을 거의 받지 못했기 때문이다. 그런데 대학생이 되고 나서 주변 친구들에게서 남친과의 성관계에 대한 이야기를 자주 듣게 된다. 친구들은 아무렇지 않게 자신의 성경험을 이야기했고, 오히려 경험이 없는 나를 한참 뒤쳐졌다고 무시했다. 아니 그보다 성경험이 없다는 사실 자체를 믿지 않는 것 같기도 했다.

솔직히 나는 이런 내가 조금은 자랑스럽다고 생각했었다. 남친에게 그런 제안을 받았을 때 내 신념대로 행동하고 대처했기 때문이다. 그런데 대학에서 학년이 올라갈수록, 나처럼 성경험이 없는 친구들이 드물고, 장난인 것 같기도 하지만, 성경험이 없는 나를 잘못이라도 한 듯이 말하는 분위기에 혼란을 느끼고 있다. 내가 너무 꽉 막힌 것인지, 아직 성숙하지 못해서 남들 다하는 죽을 듯한 사랑도 못 해 본 것인지, 아니면 친구들 말대로 내가 뒤쳐지고 있는 것인지 생각해 보게 되었다. 그리고 정말 무언가 잘못을 한 듯 점점 당당해지지 못하는 나 자신에 대해 의

문이 생기기까지 했다.

친구들에 비해 군대를 늦게 갔던 나는 제대 후에 달라진 친구들의 놀이 문화에 큰 충격을 받았다. 친구들은 클럽에서 원나잇을 아무렇지 않게 하고, 성매매업소 출입에도 망설임이 없었으며, 여성을 성적 대상으로 비하하고 음담패설을 아무렇지 않게 입에 오르내렸다. 그 친구들과 점차 어울리기 힘들어지면서, 친구들이 당연하게 생각하는 것에 대해 거부감을 갖는 내가 잘못된 것인가 하는 생각이 들기도 했다.

이 언니와 이 형은 왜 이런 고민에 빠지게 된 것일까요? 대중문화와 포르노그래피를 통해서 성을 배워 익힌 사람들은 성관계의 문턱을 쉽게 뛰어넘습니다. 이런 현상을 성관계를 강요하는 '문화적 압력'이라고 합니다. 그리고 이 압력이 강한 사회에서는 비교적 어린 나이에도 성관계 경험이 있는 사람들이 늘어납니다. 이때 친구들은 성관계를 거의 다 했는데 나만 하지 않았다는 사실을 알게 되는 사람들은 고립감을 느끼며 혼란스러워 하게 됩니다. 이런 현상을 성관계를 강요하는 '또래 압력'이라고 합니다.

여러분들은 안타깝게도 이 '문화적 압력'과 '또래 압력'이 모두 섹스쪽한 방향으로만 집중되는 사회에서 청소년기를 보내고 있습니다. 그래서 이 시대의 청소년과 청년들은 성에 내재된 생명과 책임이라는 가치를 거의 생각해 보지 않고, 마치 유행을 따르듯이 연애하면 성관계를 하고 또 어이없게도 성관계를 하기 위해 연애를 하는 경우도 많습니다. 그러니까 이 시대 젊은 세대에서 성관계가 광범위하게 확산되는 현상은 미디어를 통해 만들어진 대규모 유행인 것입니다. 행위의 동기가 '남들도 하니까 나도 한다.'에 가깝기 때문에 이를 동조 현상이라고 합니다.

성관계! 이거 친구들이 많이 하니까 나도 해야 하는 일 중에 하나일까요? 충분한 지식과 정보를 가지고 주체적인 결정을 할 수 있을 때 개인은 자유를 누릴 수 있습니다. 거기에는 물론 성관계도 포함됩니다. 여러분들이 성관계를 누군가에게 요구할 때 혹은 요구받을 때, 내가 주체적인 결정을 통해 성관계를 하는 것인지를 잘 생각해 보셔야 합니다. 성관계를 강요하는 '문화적 압력'과 '또래 압력'에 등을 떠밀려서 하게 되는 성관계는 여러분에게 결코 행복을 주지 못하기 때문이지요.

여러분! 여러분이 일상적으로 접하고 있는 문화상품-뮤비, 영화, 드라마 등을 잘 살펴보세요. 그것이 여러분에게 무엇을 가르치고 있는지를요. 그리고 주변 친구들의 행동도 잘 살펴보세요. 내가 그 친구들에게 무슨 영향을 받고 있는지를요. 이 두 가지만 잘 살피면 세상의 거대한 흐름에 휩쓸리지 않을 수 있습니다.

사례 3

특히 주위 친한 친구들이 하나둘 경험을 한 이야기를 들으면, 솔직히 흔들리는 게 사실이다. 또 전에 연애를 할 때 남친이 성관계를 원했기에 많이 흔들렸다. 하지만 나는 혼전순결을 원했고, 이런 나를 남친이 배려해 주어서 관계를 하지는 않았다. 주변의 많은 친구들은 '요즘 세

상에 혼전순결이 웬말이냐'며 나를 비웃었고, 요즘에는 다들 이런 식
으로 만나고, 사귀는 것이라며, 임신이 그렇게 쉽게 되는 것이 아니니
걱정할 필요가 없다고도 했다. 또 경험이 있는 친구들은 남녀 관계는
'속궁합'이 맞아야 한다며 성관계를 해 보라고 나를 설득하곤 했다.
그러나 나는 그 말이 모두 내 마음에 들지도 않았고 내 가치관과 맞지
도 않았다. 때 마침 나와 생각을 같이하는 친구들이 몇몇 있었고, 그 친
구들과 함께 이야기하면서 힘을 얻어서 성관계를 하지 않을 수 있었다.
남친과는 가치관의 차이 때문에 헤어졌는데, 그때 쉽게 성관계를 했다
면 나는 이별 후에 더 큰 상처를 받았을 것이고, 더 힘들었을 것 같다.

청소년 여러분! 세상이 늘 아름답고 선한 것만은 아닙니다. 주위를 잘
살피면서 선과 악을 구별할 수 있는 힘을 기르세요. 그리고 세상으로부
터 영향을 받기만 하는 사람이 아니라, 주변 친구들에게 선한 영향을 주
는 사람이 되기 바랍니다. 성경 말씀을 선물로 드립니다.

여러분은 현세에 동화되지 말고 정신을 새롭게 하여 여러
분 자신이 변화되게 하십시오. 그리하여 무엇이 하느님의
뜻인지 무엇이 선하고 무엇이 하느님 마음에 들며 무엇이
완전한 것인지 분별할 수 있게 하십시오. (로마서 12:2)

# 성적 행동!
# 깊게 생각하고 고민해 보세요

사랑하는 청소년 여러분! 인터넷 쇼핑몰에서 값싼 물건 하나를 사더라도 사람들은 꼼꼼하게 상품의 가격과 기능을 비교하고, 먼저 구입한 사람들의 제품 사용 후기까지 읽어 보고 심사숙고한 후에 구입을 결정합니다. 충분한 지식과 정보를 확보하여 여러 가지를 따져 본 후에 선택을 한다는 뜻입니다. 이것은 제품 구매만이 아니라, 우리 인생의 모든 측면에 적용되는 원칙입니다. 여러분이 호기심을 가지고 있는 성관계에도 이런 원칙이 적용되고 있을까요? 아래 언니(누나)의 글을 읽어 보면서 그 생각을 한 번 해 봅시다.

### 사례

수업 시간에 성관계에 대한 두 가지 태도가 있다는 사실을 배웠다. '성은 쾌락의 한 수단이기 때문에 자유롭게 즐길 수 있어야 한다'와, '성은 생명과 인생 전체와 결합되어 있기 때문에 성관계는 신중하게 결정해야 한다'가 그것이다. 선생님께서는 전자를 허용적 태도, 후자를 숙고적 태도라 하시면서 자신이 어떤 입장에 서 있는지 생각해 보라고 하셨다.

사실 난 이 수업을 듣기 전까지만 해도 허용적 태도에 가까운 가치관을 가지고 있었다. 임신을 책임을 질 수만 있다면, 자유롭게 성관계를 가지는 것은 개인의 권리라고 생각했던 것이다. 지난 학기 여성학 시간에 여성에게만 강요되는 순결 이데올로기에 대해 배우면서 이런 생각이 더 강화되었던 것 같다. '왜 남자는 순결 이데올로기가 적용도 안 되고 여자만 순결을 지키라고 사회에서 강요하는 거지?' 하며 강한 반발심이 생겼기 때문이다.

하지만 이 수업을 들으면서 내 생각은 점차 바뀌기 시작했다. 성관계에 따르는 책임의 문제가 그리 단순하지 않다는 진실을 알게 되었기 때문이다. '임신이 싫으면 콘돔을 착용하면 피임이 되는 것이고, 임신이 되더라도 결혼을 하면 되지 않나?'라는 순진한 생각을 가지고 있었는데, 그러나 피임은 완벽한 것이 아니고, 준비되지 않은 임신은 축복을 받기 어렵고, 또 그것이 결혼으로 이어지기는 더 어렵다는 것을 배움을 통해서 알게 된 것이다.

콘돔의 피임 성공률은 80%밖에 되지 않는다는 사실도 선생님이 가르쳐주셔서 처음 알았다. 우리 사회와 교육은 임신 가능성인 20%는 신경도 쓰지 않은 채, 콘돔만 끼면 100% 피임이 될 것이라는 안일한 생각을 나를 포함한 청소년 젊은이들에게 가르쳐 왔고, 많은 청소년과 청년들은 '나는 아니겠지.'라는 착각 속에서 성관계를 시작하고 지속해 온 것이었다.

20%는 결코 작은 숫자가 아니다. 콘돔을 착용하더라도 10명 중 2명은 얼마든지 임신이 될 수 있다. 콘돔을 믿고 호기심에 이끌려서 성관계를 시작하는 젊은이들이 많아질수록 20%는 20명, 200명, 2000명, 20000명으로 늘어날 것이다. 또한 모든 책임을 회피한 채 임신한 여자친구를 버리고 도망치는 남자들이 무척 많다는 사실을 알게 되면서 성관계가 단순한 즐거움만의 문제가 아니라는 것을 처음 알게 되었다.

이런 배움의 과정을 거치면서 나는 생각이 바뀌었다. 임신만 하지 않으면 된다는 허용적 입장에 가까웠었는데, 수업을 듣고 난 후 성관계의 여러 측면을 곰곰이 생각해 보면서 숙고적 입장에 가까워진 것이다.

더 깊게 생각해 보면 어떤 선택을 해야 하는지는 더 명확해진다. 생명에 대해 전혀 책임을 지지 않고 임신한 여자친구를 버리고 떠나는 남자에 대한 처벌이 전혀 없는 우리 나라에서는 여자 혼자 성관계에 대해 책임을 질 수 있는 방법이 전혀 없다. '임신일까? 아닐까?' 이런 불안과 초조 속에서 맛보는 쾌락은 지속적인 행복을 가져다 줄 수도 없다. 순간 순간 쾌락에 빠져들 수는 있겠지만, 관계의 불안감 속에서 여자의 마음은 계속 깊은 상처를 입을 것이기 때문이다.

수업을 듣 이 글을 쓰면서 작은 결심 하나를 확실히 했다. 아무리 세상이 부추기고 나의 호기심이 나를 잡아끈다 하더라도, 나에게 결국 큰 상처를 줄 수 있는 길에는 들어서지 않겠다고!


여러분 인생의 모든 선택은 충분한 지식과 정보를 가진 상태에서 지혜롭게 해야만 합니다. 환상으로 가득 찬 상태에서 감정에 이끌려서 한 선택은 후회할 결과를 만들어 내기 쉽습니다. 돈 주고 산 물건은 반품할 수 있지만, 성관계는 되돌리기가 어렵고, 임신으로 이어졌다면 한국 같은 상황에서는 인생에 치명적인 영향이 옵니다. 그러니 하느님께서 인간에게 주신 지성을 가지고, 내 선택의 최종 결과가 무엇이 될지를 생각하고 생각하고 또 생각하세요.

"너희는 은이 아니라 내 교훈을 받고, 순수한 금이 아니라 지식을 받아라. 지혜는 산호보다 낫고, 온갖 귀중품도 그것에 비길 수 없다." (잠언 8:10-11)

# 음란물과
# 남자 청소년들의 고민

아래 글은 지금은 대학생이 되어서 훌륭한 20대 남성으로 살고 있는 형(오빠)이 선생님에게 고등학교 3학년 때 보낸 이메일입니다. 초고속 인터넷과 음란물의 시대를 살고 있는 남자 청소년의 깊은 고민이 담겨 있습니다.

안녕하세요. 저는 고등학생 박태현(가명)입니다. 선생님께서 가톨릭 신문에서 쓰신 성교육 칼럼을 읽으면서 마음의 문을 열어야겠다고 생각했습니다. 제가 드릴 말씀은 결코 고해소에서조차 말할 수 없었던 고해성사입니다. 마음 놓고 말씀드리겠습니다.

저는 초등학교 5학년 때부터 음란물을 접하기 시작했습니다. 물론 인터넷을 통해서지요. 처음엔 유료 사이트를 찾아다니다가, 여러 경로를 알게 되면서 무료 사이트를 알게 되었습니다. 무료 사이트를 찾는 것은 무척이나 쉽습니다. 네이버나 구글에서 '○○○○○'라고 치기만 해도 여러 주소가 뜨는걸요. 지식인 등에 남겨진 흔적들을 추적하기만 해도 됩니다. 아니면 P2P 사이트, ○○에 들어가면 무료 포인트 획득(이벤트 참여로 가능)을 통해서 손쉽게 동영상을 다운받을 수 있습니다.

가톨릭 신자이면서 이런 음란물들을 접한다는 것은 죄책감을 줍니다. 중학생 때 저는 시치미 딱 떼고 조용히 음란물을 접했지만, 그 동안 제 영적인 상태는 무척이나 혼탁했다고 생각합니다. 그러나 고해성사를 볼 수는 없었습니다. 저는 신부님께서 무슨 말씀을 하실지 몰랐고, 한 번 고해성사를 봐도 계속해서 죄를 짓는다면, 매번 부끄러워서 어떻게 하나 생각했습니다. 또한 저를 배척하시면 어떻게 하지 생각했습니다. 제가 교회에서 쫓겨나거나 사람들이 이상한 눈초리로 저를 바라보는 것은 상상할 수 있는 일들 중에 가장 끔찍한 일입니다. 지금도 많은 청소년들이 저와 같은 길을 걷고 있을 거라고 생각합니다. 죄스러운 마음을 품고 미사를 보면서, 고민하는 것 말이죠. 그러면서 두려움에 말도 못하고요.

그러나 이것이 언제까지나 계속된 것은 아닙니다. 신앙의 빛으로 점점 참아낼 수 있었습니다. 간음하지 말라는 십계명의 말씀, 예수님의 극기하라는 말씀 그리고 예수님의 신비가 저에게 준 감동들과 묵주기도를 통해서 저는 이겨낼 수 있었습니다. 더 이상 자위도 하지 않고, 음란물도 보지 않습니다.

인간의 주인은 성욕이 아니라 하느님이십니다. 저는 앞으로도 이렇게 살기로 마음을 굳혔습니다. 물론 이 세상은 그렇게까지는 하지 않아도 된다고 하지만, 저는 이게 참 좋습니다. 문학도 저에게 도움을 주었지요. 책과 저 사이에는 숨 쉴 공간이 있고, 글로 표현된 것들은 저를 차분하게 만들어줍니다. 그리고 그 거대한 감정 속에 녹아들어 있는 성의 요소들은 전혀 자극적이지 않고 인간적인 맛을 느끼게 해 줍니다.

저는 심리학과에 가고 싶습니다. 그래서 성을 연구하고 저 자신을 잘 알고 싶습니다. 그리고 아이들을 둘러싸고 있는 많은 질문에 제가 직접 대답을 해 주고 싶습니다. 또 한 편으로는 사제가 되고 싶기도 합니다. 좋은 친구들을 만나서 기도하고, 하느님께 봉사하면서 살고 싶습니다. 그게 저에게 맞습니다. 일반 대학에 가면 술문화, 여러 안 좋은 성문화와 또 접촉해야 하지 않겠습니까? 그런 것들이 싫습니다.

선생님과 같이 사명감을 가지고 예언자의 역할을 하면서 살고 싶은데요. 신학교에 가서 10년 가까이 신학만 공부하다 보면 심리학과 같은 공부는 놓칠까봐 걱정되고, 또 저 하나만을 구제하는 것은 아닌가 생각합니다. 사제가 되면 예언자의 목소리를 내는 것이 가능하기나 할까요? 신학교에 가려는 저의 이런 태도가 잘못된 것이겠죠? 남을 사랑하는 마음으로 가야 하는데, 이것 보십시오. 저는 저만을 생각하고 있지 않습니까? 제가 여러 가지 갈등을 겪고 있다는 것을 느낄 수 있으시겠지요? 아이들에게 알려 주고 싶습니다. 음란물 없이도 살 수 있다고요. 신부님이 되어서요.

그런데 신부님이 되려면 죄를 씻어야 하는데, 아! 저의 죄스러운 과거. 이 과거를 씻기 위해서는 고해성사를 봐야 하는데 고해성사를 보는 것이 무척이나 두렵네요. 그러나 고해성사를 꼭 보고 싶습니다. 그러면 신부님도 제 사정을 아시고, 제 경우를 모델로 삼아서 아이들을 더 잘 돌볼 수 있을 테니까요.

이렇게 당신을 신문에 드러내 주셔서 감사합니다. 덕분에 주저리주저리, 앞으로 다시 할 수 없을 것 같은, 억압해 놓고 있었던 넋두리를 풀어 놓습니다. 저의 의지가 많이 약합니다. 저는 성숙하지 못합니다. 지금이라도 글을 내리고 고쳐 써야 하는데, 보내기 버튼을 누르고 싶은 마음이 간절합니다. 글을 내려놓는다면 저는 다시는 글을 쓸 수 없을 것입니다. 이런 마음 이해해 주시겠습니까? 저를 이끌어줄 어떤 분이 필요합니다.

제게 응답해 주세요!!! 이 모든 것을 선으로 하게 되었다고 생각해 주시고 너그러이 받아 주십시오. 제가 알에서 깨어나는 과정이라고 이해해 주십시오. 다만 이웃과의 접촉을 통해서, 타인과의 만남을 통해서, 저는 변화를 바랄 뿐입니다.


선생님은 이 메일을 읽고 가슴이 떨렸고 눈물을 흘렸습니다. 태현이(가명)의 고통에 깊은 공감이 되었기 때문이고, 악으로 가득 찬 시대와 문화가 여러분 청소년들을 너무도 고통스럽게 만들고 있다는 것을 깊이 알게 되었기 때문입니다.

그러나 희망도 보았습니다. 진리와 빛을 향해서 나오는 태현이(가명) 같은 형(오빠)이 있으니까요. 메일로 보낸 원래 글은 책에 인용된 것보다 훨씬 깁니다. 처음에는 어려서부터 가졌던 음란물과 관련된 고민과 고통을 한바탕 쏟아내는 내용이었고, 중반 이후부터는 누가 조언해 주지도 않았는데도 불구하고 태현이(가명)가 스스로 해결책을 찾아가는 내용이었습니다. 깊은 고민을 글로 옮기면서 스스로 해답을 찾는 모습이 참 훌륭해 보였습니다.

이 시대에는 남자가 의로운 열망을 품고 그것을 유지하면서 살기가 참 어렵습니다. 그러나 태현이(가명)와 같은 고민을 하는 남자들은 고통을 통해서 아름다운 열매를 맺을 수 있습니다. 바오로 사도가 젊은 제자인 티모테오에게 주신 말씀을 저도 여러분에게 드립니다.

"청춘의 욕망을 피하고, 깨끗한 마음으로 주님을 받들어 부르는 이들과 함께 의로움과 믿음과 사랑과 평화를 추구하십시오." (티모2, 2:22)

# 혹시 내가 동성애자가 아닐까
# 고민 중이신가요?

동성애, 동성 결혼 합법화 등의 문제로 세상이 뜨거웠던 적이 있었지요? 동성애 문제로 고민을 하는 청소년들이 늘어나고 있는 상황입니다. 동성애 성향이 조금 발견되면, 동성애자로 스스로를 선언하고 동성애 행동을 하면 행복할까요? 특정 성행동을 하기 이전에, 왜 그런 성향이 내 안에서 서서히 나오는 것일까 생각해 보는 시간을 충분히 가지면 좋겠습니다. 혹시 동성애 문제로 고민하는 친구들이 있다면, 아래 글을 꼼꼼하게 읽어 보세요. 남자 고등학생이 저에게 보낸 깊은 고민을 담은 글입니다.

### 사례

선생님! 저는 동성애자인 듯합니다. 이를 극복할 수 있을지는 기다려봐야 할 것 같습니다. 무척이나 복잡하게 얽혀 있고, 많은 열쇠들이 있어야 해결할 수 있는 문제인 것 같습니다.

저에게는 나이 차가 많이 나는 형과 누나가 있습니다. 형과 누나는 저보다 성숙했고, 더 뛰어났지요. 막내라 귀여움을 많이 받고 자랐고, 저도 귀여움에 많이 집착했습니다. 초등학교 때에는 여자 아이들과 잘 사귀었습니다. 지금도 여자 아이들과 친하게 지내는 것을 좋아합니다. 가수도 여자 가수를 좋아합니다. 이것이 남자의 본능 때문인지, 아니면 제게 동성애적 성향이 있어서 여성성이 뛰어나서 그런지는 잘 모르겠습니다.

처음 음란물을 접할 때에, 제가 집중한 것은 여성의 성기가 아니라 남성의 성기였습니다. 형의 성숙한 성기를 많이 봐서 그런 걸까요? 제 열등감에 대한 보상 때문인 걸까요? 여성의 몸도 아름답지만, 남성의 몸도 아름답다고 생각했습니다. 제가 어렸을 때에 체구가 왜소했기 때문인지도 모릅니다. 제가 귀엽다는 소리만 들었지, 결코 남자답다는 소리를 듣거나, 남성적이라는 말을 들어보지 못해서, 그것을 소유하고 싶은 마음이 들었기 때문인지도 모릅니다. 제가 스포츠를 못하기 때문인지도 모릅니다. 또 저는 전혀 다른 남자 아이들처럼 거칠어질 수 없기 때문인지도 모릅니다. 그 때문에 많은 소외감을 느꼈고, 어렸을 때는 그것을 긍정적인 생각으로 극복할 수 있었지만, 중학교에 들어와서는 그것이 되지 않았습니다.

그러면서 제가 점점 빠져들어간 것은 동성애 포르노였습니다. 남성 성기가 항문에 들어가는 것을 볼 때면, 그들이 마치 진정한 우정을 나누는 것 같이 느껴졌습니다. 그곳에 있는 저를 많이 상상했습니다. 그 성기가 제 안에 들어오면서 저의 부족한 남성성이 보완될 수 있다고 생각했는지도 모릅니다.

성적 흥분은 정말 떨리더군요. 부들부들 몸이 다 떨렸어요. 이런 경험들을 통해, 제가 사람들을 보는 시선이 많이 바뀌었습니다. 남성들의 몸을 보게 되었습니다. 얼굴부터, 체격, 허벅지, 종아리 등의 몸을, 물리적인 몸을 보게 된 것입니다. 사람을 그렇게 보게 되는 것은 정말이나 고통스러운 일입니다. 가뜩이나 학교 아이들의 거칠거칠한 행동들과 쉽게 동화될 수 없었던 저는 이런 경험들 때문에 친구를 만들기가 어려웠습니다. 저는 전혀 당당하지 못했습니다.

동성애가 타고난 불변적 성향이라고 주장하는 사람들도 있습니다. 그러나 동성애 성향으로 혼란을 겪고 있는 사람들의 이야기를 깊이 있게 들어 보면 꼭 그렇지만은 않습니다. 태중에서부터 받아 온 깊은 상처와 열등감에 기인한 동성애 성향, 문화를 통해서 무의식적으로 학습된 동성애 성향, 그리고 이 둘이 결합되어 있는 동성애 성향이 모두 있다는 사실을 알 수 있습니다. "난 이렇게 동성애자로 태어났다."라는 선언으로 덮어 버려서는 안 되는 너무도 중요한 내면의 깊은 비밀들이 있다는 것입니다.

감수성이 예민해서 무엇이든 잘 흡수할 수 있는 어린 시절에 동성애 포르노에 자주 그리고 강하게 노출되고 그것이 내 심리적 어려움과 결합되면, 나도 모르게 동성애 성향이 무의식에 자리를 잡고, 그것이 나를 동성애자로 착각시킬 수 있습니다. 또 여학생들은 남자친구나 다른 남성들에게 성폭행 등의 성적 학대를 당하고 난 후 남성에 대한 무의식적 거부감이 생기면, 여자들과만 친하게 지내는 것이 훨씬 편하다고 느끼면서 자신을 동성애자로 인식하는 경우도 있습니다.

질풍노도의 혼란한 시간을 보내고 있는 청소년 여러분에게 동성애 성향을 학습시키고 강화시키는 문화적 환경이 이전 시대에 비해서 훨씬 많아졌고, 여러분들은 알게 모르게 그 영향을 강하게 받고 있습니다. '내가 동성애자가 아닐까?' 하는 고민이 깊어진다면, 곧바로 동성애자 단체에 가서 지지를 얻기보다는 나의 이 성향이 어떻게 생긴 것인지 꼭 먼저 식별하시기 바랍니다. 그 식별의 과정에서 열쇠를 발견할 수 있습니다.

　가톨릭 교회는 동성애를 자연법에 어긋나는 객관적인 무질서로 이해합니다. 하느님과 교회는 여러분 청소년들이 이 무질서를 자신의 아픔과 상처 그리고 문화적 학습을 통해서 스스로 선택하지 않기를 바랍니다.

# 성적 호기심은
# 어떻게 해소해야 할까?

청소년 여러분! 여러분은 성과 사랑과 연애를 무엇을 통해서 배우고 있나요? 아래는 대학생 언니(누나)가 자신의 연애와 성에 대해 고백한 글입니다. 여러분이 나중에 대학생이 된다면, 어떤 선택을 하게 될지를 이 언니(누나)의 체험을 보면서 꼭 생각해 보세요.

**사례**

대학 입학 1학년 때 첫 연애를 했다. 당시 나는 20살, 남친은 21살이었다. 성인이 되어 첫 연애를 한다는 것은 참 설레는 경험이었다. 남친은 드라마나 영화의 명장면에 포함된 유행어, 유행 스킨십을 직접 해 보는 것을 매우 좋아했고, 또 로맨스 코미디물을 좋아했기 때문에 인기 드라마와 영화를 항상 함께 챙겨 보았다. 나도 영화와 드라마에 나오는 연애 방식이나 행동 패턴들이 너무 흥미로웠기 때문에 같이 즐겨 보았다. 지금 되돌아 생각해 보니 그 내용 안에는 늘 잠자리라는 요소가 당연히 포함되어 있었다는 것을 깨닫게 되었다. 당시에는 성관계라는 것이 나와는 상관없는 이야기였기 때문에 '영화는 그냥 영화지'라는 생각으로 즐겨 봤던 것 같다. 하지만 어느 순간 나 역시 연애의 과정에서 남친과의 잠자리는 자연스럽다는 쪽으로 생각이 바뀌어 갔으며, 교수님의 수업을 들으면서 이러한 생각의 바탕에는 평소 즐겨 보았던 드라마나 영화의 영향이 제일 컸다는 점을 깨달았다.

그후 3살 연상의 남친을 새롭게 만난 적이 있다. 나는 24살이었고, 남친은 27살이었다. 남친은 연애경험이 3~4번 정도 있었고, 연인과의 잠자리는 자연스러운 것이라는 연애관을 가지고 있었다. 남친은 자신의 친구들은 모두 여친과 잠자리를 하고, 피임만 잘하면 결혼과 무관한 성관계도 결코 위험한 것이 아니라며 자신의 생각을 나에게 전달하였다. 나의 이전 연애에서는 잠자리가 없었기 때문에 이때에 처음으로 깊은 고민을 했다. 시간이 좀 지나 남친은 잠자리를 계속 요구했고, 처음 2~3번은 기다려 달라며 생각할 시간을 달라고 부탁했다.

이러한 상황이 나에게 오리라고 생각하지 못해서 당황스럽기도 했지만, 두렵다거나 거부감이 드는 마음보다는 호기심이 더 많이 생겨서 나 스스로 놀랐다. 그리고 드라마와 영화에서의 대화처럼 '서로 좋으면 되는 거지!'라는 생각이 강하게 들었고, 그냥 호기심에 이끌려서 성관계를 했다. 그리고 한 달 후에 남친은 시험준비해야 할 것들이 있고 바쁘다면서 이별을 통보했다. 그때 느꼈던 허망함은 지금까지도 나를 괴롭게 한다. 나는 그때 스스로 선택할 수 있었음에도 불구하고 정결을 지키지 않았고, 미디어와 성에 대한 강의를 들으면서 이제서야 뒤늦게 뼈저리게 후회를 하고 있는 것이다.

내가 이렇게까지 된 이유는 잠자리가 연애 과정에 당연히 포함된다는 내용의 영화나 드라마를 좋아하고 즐기기만 했지, 그렇게 성관계가 포함된 연애가 늘 행복한 것은 영화에서만 그렇다는 사실을 알지 못했기 때문이었다. 평생을 천주교 신자로 살아왔고, 또 교리교사를 하고 있지만 나는 하느님께서 주신 생각이 아니라, 미디어가 내게 준 생각을 더 강하게 따라 살았고 그래서 어리석은 선택을 하고 만 것이다. 나처럼 뒤늦게 후회하는 일이 없도록 주위 친구들과 동생들에게 진실과 진리를 알려 주고 싶다.

위의 언니(누나)는 호기심에 이끌려서 성관계를 했고, 그 후 지금까지 뼈저리게 후회한다고 했습니다. 청소년 여러분! 성적 호기심, 특히 성관계에 대한 호기심은 어떻게 풀어야 할까요? 호기심은 정확한 지식과 그 권위가 인정되는 가르침을 통해서 해결해야지 행동, 즉 직접 경험을 통해서 해결하려고 해서는 안 됩니다.

그렇다면 성관계에 대한 정확한 지식은 무엇일까요? 남녀의 성적 결합은 생명으로 이어집니다. 따라서 성관계에는 생명에 대한 책임이 요구되지요. 남녀가 이 책임을 함께 짊어지려면 이 두 남녀에게는 무엇이 필요할까요? 동반자 의식과 깊은 상호 신뢰 그리고 혼인과 가정과 같은 장기적인 인생 계획입니다. 이런 깊은 생각 없이 호기심만으로 성관계를 했는데 덜컥 생명이 생기면, 삶이 크게 불행해집니다. 이게 바로 영화와 드라마에서는 보여 주지 않는 삶의 진짜 모습이지요.

스킨십과 성관계는 연애 날수에 따라 이루어지는 것이 아니라, 신뢰와 책임의 깊이만큼 할 수 있는 것입니다. 만난 지 얼마 지났으니까 이제는 키스를, 이제는 성관계를 해야 한다는 풍조를 여러분은 용감하게 거부하시면 좋겠습니다.

# 거짓이 나를 강하게
# 끌어당긴다면?

아래 글은 미디어와 성(性)에 대해서 체계적으로 교육을 받고 있는, 대학생 언니(누나)의 고백입니다. 머리로는 확실히 무엇이 진실이며 선인지 알고 거짓을 파악할 수 있는데, 머리에서 나오는 힘보다 더 큰 힘이자신의 행동을 끌고 가려고 한다는 사실을 체험하고 무척 고통스러웠다는 내용이에요. 청소년 여러분! 꼼꼼하게 읽어 보세요.

나는 청소년 시절부터 드라마와 음악을 참 좋아했었다. 요즘 유행하는 최신가요들을 좋아했고 마음에 드는 음악은 수천 번 반복해서 들었었다. 그러다가 미디어 성교육 강의를 들으면서 드라마와 대중가요의 문제점이 무엇인지 체계적으로 깨달을 수 있었고, 이와 관련된 서적들을 읽으며 이 상업적 문화상품이 청소년과 젊은이들에게 미치는 심각한 악영향에 대하여 심층적으로 이해할 수 있었다. 이렇게 공부한 이후에는 드라마, 뮤비, 광고 등을 때 제작자가 어떤 의도를 가지고 만들었는지 분석하며 볼 수 있게 되었고, 이전처럼 맹목적으로 끌려다니지 않을 수 있었다.

그러다보니 노래방에서 친구들과 이전처럼 신나게 아이돌 노래를 부르고 춤추며 놀 수가 없었다. 그 음악에 담겨 있는 의도와 의미들이 나를 불편하게 만들었기 때문이다. 친구들이 강한 비트의 노래들을 부르며 무아지경으로 노래를 부를 때 나는 억지로 탬버린을 치며 적당히 분위기를 맞추어 줄 뿐이었다. 또 내가 선택한 노래는 성을 왜곡하지 않은 조용하고 느린 템포의 노래였기 때문에 들뜬 분위기에 찬물을 확 끼얹는 상황을 만들었다. 친구들한테 미안한 느낌이 들어서, 아이돌 노래 한 곡을 신나는 척 과장하여 불렀다. 적당히 친구들과 즐거운 분위기를 만들 수는 있었지만, 내 마음은 무척 괴로웠다. 마음이 원하지 않는 오히려 잘못되었다고 생각하는 일을 해야 했기 때문이었다.

어느 날은 막장으로 유명한 드라마를 분석하겠다는 마음으로 보았다. 그런데 나는 그 막장에 빠져들고 있었다. 가족들은 나에게 막장이라고 욕하면서 왜 계속 저 드라마를 보냐고 물었지만, 나는 그 답변을 못한 채 계속 그 드라마에 빠져들었다. 남녀 사이의 감정선에 몰입했고 드라마 속 남녀들이 주고받는 감정이 내 감정이 되었다. 내 마음이 쿵쾅거리기도 했고, 설레기도 했다. 그리고 드라마 속 비현실적 상황들이 나에게도 일어나기를 원하는 열망까지 생기려고 했다. 괴로웠다. 내가 지금 보고 있는 모든 것들이 거짓이고 왜곡된 관계들이라는 것을 알고 있음에도 불구하고 거기에 끌려가는 내 마음을 보며 너무 괴로웠고 나 자신이 한심하게 느껴졌기 때문이다.

이 경우는 노래방에서 내 마음이 원하지 않는 것을 했을 때보다 더 괴로웠다. 통제가 안 되는 내 마음을 바라보는 것이 너무 괴로워서 TV를 끄고 한바탕 눈물을 흘렸다. 왜 그랬을까 생각해 보니, 그 드라마 속에서는 현실에서는 절대 실현될 수 없는 내 환상 속 욕망을 주인공들이 다 실현시키고 있었기 때문이었다. 청소년 시절 공부도 잘하고 멋있는 남자친구와 연애하고 싶었던 과거의 나의 욕망들이 그 드라마에서는 다 실현되었던 것이다.

그렇게 시간이 조금 지나고 나니 내 마음에 떠올랐던 드라마 속 감정들은 모두 사라졌고 마음이 안정되고 통제 가능한 상태가 되었다. 드라마 시청, 특히 드라마 속 연인들의 모습을 보는 것이 여전히 두렵다. 실제로는 존재할 수 없는, 드라마 안에만 있는 환상 속 이미지와 감정들이 내 마음과 몸을 끌고 가려고 한다는 것을 알기 때문이다.

머리로 아는 것과 내 마음은 또 다른 문제라는 생각이 들었다. 그 후, 드라마 보고 음악 듣는 것에 대하여 더 조심하고 경계하게 되었다. 이것들이 내 이성으로는 통제하기 어려울 만큼 내 마음을 움직이는 힘이 있다는 것을 깨달았기 때문이다.


이 언니(누나)는 상당히 중요한 영적 체험을 했습니다. 내 안에 나로 위장한 또 다른 존재가 있어서 내가 지성으로 깨달은 것보다 더 큰 힘으로 나를 끌고 가려고 한다는 사실을 체험한 것이지요. 나는 선의 길을 가고 싶은데, 오히려 나를 악의 길 쪽으로 강하게 잡아끄는 힘은 도대체 무엇일까요?

"선을 바라면서도 하지 못하고, 악을 바라지 않으면서도 그것을 하고 맙니다. 그래서 내가 바라지 않는 것을 하면, 그 일을 하는 것은 더 이상 내가 아니라 내 안에 자리 잡은 죄입니다." (로마서 7:19-20)

바오로 사도가 말한 것처럼 그것은 죄, 다른 말로 하면 악한 영입니다. 저는 이 언니(누나)에게 '깨달음과 정반대되는 내 생각이 아닌 욕망이 올라올 때, 강력하게 그 악마를 쫓아내는 기도를 하라'고 조언해 주었습니다. 청소년 여러분! 영화 「검은 사제들」이 보여 주는 것처럼, 악마는 실제로 존재하고 우리 인간의 파멸, 특히 여러분과 같은 젊은이의 파멸을 노리고 있습니다. 여러분들이 보고 듣는 모든 것들을 늘 조심하기를 바랍니다.

# 성폭력을 사랑이라고
# 가르치는 대중문화

인기 있는 TV 드라마에서 분명히 범죄에 속하는 데이트 폭력-강제 키스를 아름다운 사랑인 것처럼 표현해서 큰 문제가 된 적이 있었습니다. 드라마에서만 성폭력을 미화하고 있을까요? 여러분은 이런 잘못된 성문화에서 안전한가요? 아래 대학생 언니(누나)가 쓴 깨달음의 글을 읽으면서 여러분의 생각과 말과 행동을 점검해 보세요.

**사례**

난 순정만화에 빠진 아이였다. 그 만화 속의 연애 단계가 현실의 연애, 사랑이라고 믿었다. 순정만화 속 남자와 여자의 모습이나 사랑에 빠지고 연애를 하는 과정은 패턴이 있었다. 그 패턴은 어느 만화나 대체로 비슷했다. 당시 연재되는 모든 순정만화는 거의 봤기 때문에 자신 있게 말할 수 있다. 순정만화는 드라마나 영화와 같이 많은 사람이 꿈꾸는 낭만적인 사랑을 여성스런 여성과 아주 남성스런 남성이 보여 준다.

남자는 여자를 리드하는 강한 존재, 여자는 그런 남자에게 이끌리고 끌려가는 연약하고 여린 존재로 나타낸다. 그런 남자가 여자와 싸우는 상황에서 강제로 키스하면 처음엔 저항하던 여자가 결국 좋아하는 모습을 로맨틱하게 그리는 장면, 드라마, 영화, 만화를 막론하고 어디에나 등장하는 이 장면을 난 얼마나 설레는 마음으로 보았는지 모른다. 그런데 그 장면이 포르노의 이야기 구조와 완전히 똑같다는 사실을 알고는 큰 충격을 받았다.

실제로 내가 본 포르노에서도 남자에게 성폭행을 당하는 여자가 나중엔 즐기는 내용이 많았다. 더 충격적인 것은 포르노로 볼 땐 이 영상을 찍은 사람을 신고해야 하는 건 아닌지 실제 상황 같은 영상 속 여자를 보며 안쓰러움과 죄책감을, 남자를 보며 혐오감과 분노를 느낀 반면 현빈과 이병헌의 성폭력에 준하는 강제 키스를 볼 땐 잘생기고 예쁜 남녀의 아름다운 사랑 장면이라고 느꼈다는 사실이다. 대한민국 남녀노소, 특히 여성들이 그 장면을 어떻게 받아들였는지는 고민할 필요도 없을 것이다.

그런데 내가 김태희이고 하지원이라면 시청자가 보듯 과연 강제 키스를 로맨틱하게 느낄까? 물론 현빈이고 이병헌이라는 전제에 판단이 흐려지겠지만, 모든 여자가 이병헌과 현빈을 좋아하는 것은 아니니 분명 싫어하는 사람도 있을 것이다. 자신이 너무 싫어하는 남자가 기습적으로 강제 키스를 한다면, 강간범에게 당하는 기분을 느꼈을 것이다. 이것은 분명 비인격적 행동이고 성폭력, 성폭행이다. 과연 얼마나 많은 사람이 그 장면을 성폭행이라고 받아들였을까? 여자는 잘생기고 돈 많은 남자의 강압적인 키스를 받아들여야 한다는 인식을, 남자는 '강제로 키스하고 내 맘대로 다루어도 결국 여자는 좋아해'라는 인식을 갖게 될 것이다.

이러한 문화상품이 모두에게 노출된 환경에서는 많은 남자들이 강제 키스나 일방적 성관계를 당연하게 생각한다는 사실은 이상할 것이 없다. 성범죄의 뿌리가 소수의 어두운 환경에 있지 않고 많은 사람이 즐기는 대중매체 안에 아름답게 포장되어 있기 때문이다.

나도 대중매체에서 자유롭지 못했다. 순정만화로 세뇌당하다시피 사랑을 배운 나는 여중을 졸업해 남녀공학 고교라는 현실에서 느낀 괴리감이 엄청났다. 교실에서 함께 생활한 남학생들은 만화, 드라마서처럼 모두 키가 크지도, 모두 조각 같이 잘 생기지도, 모든 걸 잘 하지도 않았고 모두가 매너남도 아니었다. 포르노와 똑같은 순정만화의 환상을 깨고 현실을 받아들이기까지 무척 힘들었다. 잘못된 환상과 헛된 욕망이 진실과 부딪힐 때마다 있는 그대로를 볼 수 있는 용기를 청했다. 마음의 소리에 귀 기울이고 그 힘으로 수없이 도전했다. 그러자 진실을 알고 싶은 욕구가 강하게 생겼다. 주님께 도움을 청했고, 고해성사를 보고, 간절히 기도했다.

호기심과 자극에 이끌려서 접했던 학창시절의 만화책, 드라마, 포르노가 결코 한 권, 한 편에서 끝나지 않고 환상과 욕망을 내게 심어서 날 얼마나 괴롭게 했는지 돌이켜보니 후회가 밀려온다. 거기에 빠지지 않았더라면 순수하고 맑은 눈으로 세상을 바라보며 아름다운 학창 시절을 보냈을 텐데 하는 후회가 밀려왔다.

더 큰 문제는 이게 나 개인의 문제만이 아니라, 이 시대의 모든 청소년들이 대중매체가 심어준 죽음의 문화에서 자유롭지 못하다는 사실이다. 70대 할아버지 할머니들에게는 6.25 전쟁이 당시 어린이·청소년이었던 그분들을 병들게 한 재앙이었던 것처럼, 우리 세대는 우리가 좋아하는 문화가 재앙이다. 재앙을 재앙으로 정확하게 인식한 지금에서야, 이성(異性)을 있는 그대로 바라볼 수 있는 것에서 오는 기쁨을 느낄 수 있었다. 그 기쁨은 포르노가 주는 쾌락과 자극과 비할 수 없는 영원한 것이다.

여러분이 매일 같이 스마트폰·인터넷·TV로 보고 있는 것들이 여러분을 병들게 할 수 있다는 사실을 인식하면 좋겠습니다. 위 글을 쓴 언니(누나)도 간절히 기도하고, 교육을 받은 후에야 '내가 푹 빠져서 좋아했던 것이 나를 혼란스럽고 고통스럽게 했구나!'라고 깨달을 수 있었습니다. 바르고 깨끗하게 살기 위해서는 위로부터 내려오는 선한 가르침이 필요합니다.

"누가 나를 이끌어 주지 않으면 내가 어떻게 알아들을 수 있겠습니까?" (사도행전 8:31)

혼자 성경을 읽으면서 이해하기 어려운 구절을 만난 에티오피아 고위

관리가 필리포스에게 도움을 청하면서 한 말입니다. 이 고위 관리처럼 여러분도 하느님께 "저를 깨우쳐 주시고, 저를 바른 길로 인도해 주십시오."라고 간절히 청하시면 좋겠습니다.

# 여러분은 좋은 성교육 선생님을
# 만나야 합니다

청소년 여러분! 여러분에게 성(性)을 알려 주는 선생님은 누구입니까? 혹시 TV, 인터넷, 스마트폰이 여러분의 성교육 선생님은 아닌지요? 여러분은 성의 진실, 그러니까 인간의 성이 생명과 결합되어 있고 그래서 책임을 다해야만 하고, 남녀가 그 책임을 다하려면 서로가 인격적 신뢰를 쌓아야 한다는 진리를 가르쳐 주는 선생님을 만나야 합니다.

사례

나는 간호사이며 보건교사다. 학교에서 성교육을 담당하면서 많은 어려움을 겪었다. 간호대학에서는 주로 생식기 해부학과 생식기계 질병을 위주로 배워서 성의 사회문화적 내용에 대해서는 잘 알지 못했고, 내가 교사인데도 성교육을 위한 준비가 되어 있지 않다는 생각이 들었기 때문이다. 그러던 중 미디어 리터러시(media literacy) 성교육 연수를 받으면서 청소년 성교육의 올바른 길에 대한 확신을 가지게 되었고, 보건교사로서 성교육 역량을 키우는 데 큰 도움을 얻었다.

처음 교육을 듣던 날 이런 생각이 들었다. '나는 그동안 눈 뜬 장님이었구나! 보고도 알지 못했으니 장님이 아니고 뭐란 말인가?' 또 내가 청소년 시절에 따라 하고 동경하기도 했던 대중가요와 그 뮤비가 저런 의미를 내포하고 있다는 것에 너무 놀랐었다. '나는 왜 몰랐을까? 교수님께서는 어떻게 저런 성적 코드들을 신기할 정도로 파악하신 거지?'라는 생각이 들었다. 매스미디어를 통해 확산되는 대중문화를 통해서 자기도 모르게 '섹스=게임'이라는 성의식이 형성된다는 교수님의 명쾌한 해석은 강의가 거듭될수록 학교 현장에서의 미디어 리터러시 성교육에 대한 확신으로 바뀌었다.

사실 나도 교수님께서 말씀하시는 대형 기획사에서 만들어 내는 '섹스=게임'이라는 가치관을 품은 대중문화를 일용할 양식으로 퍼먹고 성장한 사람 중의 하나다. 그래서 강의 중에 하시는 한마디 한마디가 나를 두고 하시는 말처럼 들릴 때도 있었고 양심에 찔림이 오기도 했다. 나 스스로를 돌이켜 보면 중학생 때 박지윤의 '성인식'을 통해 처음으로 '섹시'라는 말을 인식하고 야한 춤과 선정적인 가요를 알게 되었던 것 같다. 그 당시는 어려서 정확히 알지는 못했지만 뭔가 성행위를 의미하는 것 같다는 막연한 생각만 했었다.

이런 문화 속에서 성장한 나나 지금 내가 학교에서 가르치는 청소년들이나 성의식이 비슷할 수밖에 없겠다는 생각을 하게 되었다. 그러면서 나 자신을 먼저 바라보았고, 1년 동안 이어진 연수 시간에 알게 된 무서운 현실을 올바로 식별할 수 있도록 아이들을 가르쳐야 한다는 교육자로서의 사명감이 가슴 속에서 불타올랐다. 그러면서 제일 먼저 해야만 했던 일이 성과 관련된 나의 생각과 말과 행동을 점검하고 반성하는 것이었다. 교육자 자신의 성의식을 되돌아보고 올바른 성가치관을 확립하는 것이 성교육 담당 교사에게 가장 시급하게 요청되는 자질이라고 생각했기 때문이다.

사실 이 연수를 듣기 전 나는 현실적으로 성교육의 왕도는 피임 교육이라고 생각했었다. 그래서 성기 모형까지 사서 콘돔 교육을 시킬 계획이었다. 10대 임신과 낙태율의 증가 등의 사회 문제가 피임을 올바로 실천하지 못하고 쉬쉬하기 때문이라고 생각했고, 성과 관련된 문제의 해결책은 피임법을 알려 주는 것이라고 지극히 단순하게만 생각했었던 것이다. 성과 사랑, 생명과 책임의 큰 그림을 전혀 알지 못했기 때문에 성교육을 해야 하는 현장의 보건교사임에도 불구하고 눈 뜬 장님과 같이 누군가 옆에서 거짓말을 해도 그냥 따라가려고 했던 것이다.

지금 생각하면 무지했던 나 스스로가 부끄러워진다. 아직 미디어 리터러시 성교육과 생명, 책임, 인격의 성교육을 모르는 교육자들과 잘못된 성문화에 젖어 있는 우리 아이들에게 사랑과 책임의 성교육을 하루빨리 알려 주고 싶다.

프란치스코 교황님께서는 「사랑의 기쁨」에서 '성교육의 필요성'을 강조하십니다.

"청소년들이 넘치는 견해들, 통제를 벗어난 포르노, 성을 훼손할 수 있는 지나친 자극들에 맞서 비판적 사고를 키워 나가도록 해 주지 못하면서 넘치는 정보에 휩싸이게 하는 것은 도움이 되지 않습니다. 젊은이들은 자신이 성숙한 인간으로 성장하는 데 도움이 되지 않는 정보들이 쏟아져 나오고 있다는 사실을 깨달을 수 있어야 합니다. 젊은이들은 긍정적인 영향을 주는 것을 식별하고 추구하며 사랑에 대한 그들의 능력에 손상을 주는 것들은 피할 수 있게 도움을 받아야 합니다. 또한 우리는 청소년들에게 성을 알려 주는 데에 새롭고 더욱 적절한 언어의 필요성을 깨달아야 합니다."

　　교황님께서 말씀하신 '청소년들이 영상 매체를 통해서 접하는 내용을 비판하고 식별하여 긍정적 영향을 주는 것만을 택하고 손상을 주는 것들을 피하게 하는 능력', 이것이 미디어 리터러시(media literacy)입니다. 미디어 시대를 살아가야 하는 여러분들에게 꼭 필요한 능력이지요. 이 능력을 여러분에게 심어 줄 수 있는 학교 선생님을 여러분들이 만날 수 있기를 간절히 기도하겠습니다.

# 여러분은 지혜로운 상담자와
# 좋은 책을 만나야 합니다

성적인 문제로 심각한 고민이 있었던 중학교 2학년 여학생이 보건 선생님과 상담을 하고, 책 『청소년들에게 보내는 사랑과 책임의 성교육 편지 1』을 읽고 독후감을 쓰라는 과제를 받았습니다. 아래는 그 여학생이 쓴 글입니다.

**사례**

책을 읽으면 읽을수록 더럽다는 생각만 들었다. 애초에 하고 싶지도 않았지만 더욱 성관계를 안 할 것이다. 많이 사랑하면 그냥 자연스럽게 하는 것인 줄 알았다. '남들도 다 하니까 나도 뭐 하게 되겠지' 싶었다. 그런데 그게 아니라, 내가 하고 싶으면 하는 거였다.

아무리 사랑해도 하기 싫을 수 있는 거고, 남들이 다 한다고 나도 해야 되는 건 아니었다. 중요한 건 내 마음이다. 나는 지금까지 왜 '해야 한다'고 생각하고 있었던 것인지 모르겠다. 나는 절대 성관계를 안 할 것이다. 성인이 되면 생각이 바뀔 수도 있지만 지금으로선 정말 싫다. 나는 책임질 자신이 없다. 아이가 생기면 현실적으로는 '낙태를 해야겠다.'며 가볍게 말하지만 내 성격으로는 낙태를 못할 것 같다. 그냥 이런 저런 생각하기 싫으니 안 하는 게 마음 편하다.

이 글을 받아 읽으신 선생님께서는 이 여학생이 '더럽다'라고 생각하는 것도 문제라고 판단하셔서 2차 상담을 진행했고, 놀라운 사실을 알게 되었습니다. 같은 반의 남학생이 그 여학생에게 성관계를 하자고 계속 장난식으로 "한 번 하자."라고 말을 하기에 그 여학생도 장난으로 "그래." 라고 대답했더니, 그 남학생이 구체적인 계획을 세우면서 계속 성관계를 하자는 말과 메시지를 보냈다는 것입니다.

"학교에 8시까지 와라. 교실에서 하자.", "학원 화장실에서 보자.", "공원 놀이터에서 저녁 8시에 보자." 등의 말을 하고 메시지를 남학생이 보내 왔기 때문에 그 여학생은 너무 당황스러워서 "나는 그냥 장난으로 그렇게 한 거야."라고 이야기했더니 나중에는 그 남학생이 연락을 끊었다고 했습니다. 그리고 그 후부터는 그 남학생을 교실에서 마주칠 때마다 '더럽다.'라는 생각이 마음 속 깊은 곳에서 마구마구 올라왔다는 것입니다.

중학교 2학년 여학생은 책을 읽기 이전까지 왜 성관계를 해야 한다고 생각하고 있었던 것일까요? 그 이유는 TV, 인터넷, 스마트폰을 통해서 일상적으로 보는 내용들이 때로는 은근하게 때로는 노골적으로 성관계를 하라는 메시지를 주입해 주었기 때문입니다. 그런데 이 여학생은 책을 읽고 스스로 생각하면서 자신의 무의식 속에 들어와 있는 생각이 내가 주체적으로 형성한 내용이 아님을 깨닫게 된 것이지요.

위험한 성관계로 빨려들어갈 뻔했던 여학생이 생각을 다잡을 수 있었던 이유는 선생님의 상담과 그 선생님의 독서 지도가 있었던 덕분입니다. 여러분! 청소년 시절에는 지혜로운 상담자와 좋은 책을 만나야 합니다. 상담과 독서를 통해서 주체적으로 형성한 생각만이 나를 생명의 길로 인도해 줄 수 있습니다.

# 성적 행동에
## 책임은 왜
# 필요할까?

# 성(性)과 사랑에 따르는 책임,
# 청소년 때는 왜 몰랐을까?

다음은 대학 3학년 언니(누나)가 쓴 보고서입니다. 청소년기를 보내고 있는 여러분은 성과 사랑에 대해 어떤 생각을 가지고 있나요?

**사례**

우리는 태어나면서부터 대중매체와 함께 생활해 왔습니다. 엄마의 목소리를 들으면서 말을 배워 가는 것처럼, 대중매체의 소리를 들으며 성장해 온 것입니다. 지난 23년간 대중매체는 저의 무의식을 계속해서 지배하고 있었습니다. 제가 성장하면서 대중매체의 표현 수위도 함께 높아져 왔습니다. 어렸을 때는 심의에 걸렸을 선정적인 내용들이 지금은 떡하니 12세 관람용에서 볼 수 있으니까요.

저는 그런 대중문화의 영향을 참 심각하게도 많이 받았었나 봅니다. 그래서 저는 정말 어린 나이에서부터 섹스에 대한 거부감이 없었습니다. 대중매체가 얼마나 교묘하게 우리가 섹스를 하도록 조장하는지 수업 시간에 낱낱이 알게 되면서 저는 큰 충격에 빠졌습니다.

제 첫 경험은 남들보다 빨랐습니다. 고등학교 2학년 때 사귄 오빠와의 관계였는데 처음 오빠가 "할래?"라고 말을 꺼냈을 때 "그래."라는 대답이 생각보다 너무나도 쉽게 흘러나왔습니다. 물론 오빠가 "임신하면 책임질게."라는 말로 저를 안심시키기도 했지만, 그 당시 그 오빠의 말이 거짓말일 거라는 것을 인지하기에 저는 너무 어린 나이였습니다. 그리고 그때까지 대중매체에서 보여 줬던 '섹스=즐거움'이라는 공식이 저의 무의식 속에 박혀 있었고, 호기심을 자극하면서 슬며시 배어나와 "그래."라는 대답을 부추겼습니다.

너무 어린 나이에 성관계를 했다는 죄책감이 있었지만, 그 후에 계속 보았던 많은 대중문화 속의 '섹스는 단순한 즐거움일 뿐'이라는 내용을 담은 영상에 그 죄책감은 눈 녹듯이 사라져 버렸습니다. 특히 당시 제가 즐겨 보았던 어떤 미드에서는 청소년들의 마약, 섹스 등을 아주 미화시켜서 다루었는데, 그때 봤던 그들의 모습은 어린 제게 너무나도 화려하고 세련되어 보였고 '나도 그들처럼 되고 싶다'라는 생각까지 갖게 되면서, 저는 스스로를 멋진 여자라고 생각하며 살았습니다.

그렇습니다. 대중매체는 정말 우리가 닮고 싶은, 우리가 열광하는 존재들을 사용하여 우리에게 섹스를 가르치고 그 뒤에 따르는 책임을 언급하지 않음으로써 성을 그저 쾌락의 수단으로만 단순화시켜 버립니다. 이러한 사실들을 그때 알았더라면 저는 그 어린 나이에 첫경험을 하지 않았을 테죠. 그 첫경험 이후 저의 모든 관심은 생리 여부에 집중됐고, 혹시라도 생리가 조금이라도 늦어지면 임신에 대한 온갖 불안으로 며칠 밤을 지새웠습니다. 제가 나이가 어렸기에 그 나이에 홀로 감당하기 어려운 그 무거운 책임에 대한 상상은 저를 정말 미치게 만들었습니다. 그러나 한 번 시작한 섹스를 멈출 순 없었습니다.

생리가 늦어지는 게 되풀이 될수록 저의 불안함도 점점 커져 섹스를 하고 싶지 않았지만 항상 오빠는 "내가 책임진다니까.", "나 왜 피해? 이제 나 안 좋아해?"라는 말로 섹스를 거절하는 나를 번번이 다시 섹스를 허락하게 만들었습니다. 게다가 주위의 내 친구들도 다들 섹스를 무비판적으로 수용하는 입장이기에 제가 섹스를 거절하고 멈추기란 쉬운 일이 아니었습니다. 다들 대중매체에서 보여 주는 섹스에 홀려 있었던 것입니다.

그렇게 섹스를 하고 기분이 나쁘다가도 당시에 여자 청소년들에게 인기 있었던 영화 ○○를 보며 섹시한 여고생이 '섹스를 해 봐야 어른인 거야'라고 하는 대사를 듣고 '그래 이제 난 어른이야'이런 바보 같은 생각을 하며 혼자 흐뭇해하기도 했습니다. 지금 생각해 보면 참 바보 같은 삶을 살았던 것입니다.

정말 이 모든 사실을 그때 알았더라면, 그때 그 오빠가 말은 책임지겠다고 하지만 막상 정말 책임을 져야 할 그런 상황이 오게 된다면 비겁하게 도망갈 것이라는 걸 그때 알았더라면, 저는 저의 소중한 고등학교 시절을 걱정과 부담감으로 밤잠 설치지 아니하고 좀 더 순수하고 밝게 기억할 수 있었을 텐데요.

그리고 대학생이 되었는데, 솔직히 저는 걱정이 많이 됩니다. 앞으로 사귈 남자친구가 제가 이미 경험이 있다는 걸 알면 자기와도 관계할 것을 거의 강요하다시피 하겠지요. "그 xx는 되고 나는 왜 안 돼?" 뭐 이런 이유들을 대면서요. 그런데 대학에 와서 배운 이 수업은 그런 때에

제가 어떻게 대처해야 하는지 현명한 방안을 가르쳐 주었습니다. 성관계는 사랑과 책임이 반드시 따라야 하는 행위라는 것을 저는 이제야 알았습니다. 이 당연한 내용을 지금까지 몰랐고, 또 왜 그 책임을 상대방에게 물어야 한다는 것조차도 몰랐을까요? 제게 가르쳐 주는 사람이 없었기 때문입니다.

앞으로 사귈 남자친구가 제게 요구를 해 온다면, 우선 책임에 대한 준비를 가장 먼저 묻겠습니다. 선생님이 알려 주신 대로 그 약속을 문서화하겠습니다. 문서화된 책임에 대한 약속에 도장을 찍을 수 있는 남자라면 저에 대한 사랑도 큰 것이겠죠? 수업 시간에 본, 남편과 함께 출산하는 장면은 제게 너무나도 큰 감동을 주었습니다. 앞으로도 열심히 수업을 들으며 처음부터 끝까지 제 옆을 지켜줄 남자를 알아볼 수 있는 안목을 기르고, 제 몸 안에 생겨나는 새 생명을 지켜 줄 수 있는 방법이 무엇인지 열심히 공부하겠습니다.

 여러분도 위 글을 쓴 언니(누나)처럼, 대중문화가 여러분에게 알려 주는 내용 그대로의 성지식을 가지고 있지는 않은지요? 안타깝지만, 매스미디어 사회에서 성장하는 여러분은 성에 대한 책임의 이야기보다는 쾌락과 재미의 이야기를 훨씬 많이 듣고 볼 수밖에 없는 세대입니다. TV, 인터넷, 스마트폰이 보여 주는 성은 온전한 의미의 성이 아닙니다. 성과 사랑에는 반드시 책임이 따른다는 이 진실의 이야기에 귀를 여는 지혜로운 청소년이 되시길 바랍니다.

# 성교육에서
# 피임보다 중요한 것은?

성장과 배움의 길을 가고 있는 청소년 여러분! 지금까지 수많은 곳에서 여러 번 성교육을 받은 적이 있지요? 그 성교육에서 거의 빠지지 않고 등장했던 주제는 무엇이었는지요? 아마도 콘돔과 피임약으로 대표되는 피임 교육이었을 것입니다. 피임 교육도 성교육의 주제 중 하나이지만, 그것보다 수천 배 더 중요한 주제가 있습니다. 그것이 무엇일까요? 아래 대학생 언니(누나)의 글을 읽으면서 한 번 생각해 보세요.

( 사례 )

지난 2주 동안 나는 완전히 새로운 성교육을 받았다. 지난 학기 여성학 시간 때, 조별 과제 주제가 '피임법을 중심으로 한 낙태법'이었다. 그때, 낙태의 심각성을 토대로 피임의 중요성과 올바른 피임법을 발표했었고, 높은 점수를 받았었다. 당시에 나는 성교육 시간에 피임법을 가르치는 게 옳다고 생각했었고, 또한 우리 또래 20대들도 피임법을 잘 숙지하여 적용하는 것이 가장 중요하다고 생각을 했었다. 하지만, 2주 동안의 색달랐던 성교육 후에는 내 생각이 틀렸다는 것, 그리고 성에 대한 사회의 인식과 대처가 심각한 수준으로 잘못 되었다는 것을 깨닫게 되었다.

확실히 이번에 받은 성교육은 다른 판에 박힌 성교육들과는 달랐다. 대중문화는 점점 선정적으로 변해 가고, 콘돔과 피임약 광고는 청소년들에게 성관계를 은근히 혹은 노골적으로 권한다. 성에 첫 눈을 뜨는 청소년들은 이런 혼란한 상황 속에서 본 대로 배워 익히는데, 성교육에서는 그저 자세한 피임법만을 알려 줄 뿐이었다. 청소년들을 포함한 우리 나이 또래의 아이들의 성문화는 점점 타락해져만 가는데, 그 아무도 그것이 잘못되었다고는 말해 준 적이 없었다는 것을 강의를 들으면서 깨달았다.

혼전순결, 이 단어는 언제부터 이렇게 희귀한 단어가 되었는가? 주변에 성관계를 맺는 친구들이 급속도로 늘어간다. 또한 처음 만난 사람과 성관계를 갖는, 일명 원나잇을 하는 친구도 있다. 임신을 한 친구도 있고, 낙태를 한 친구도 있고, 또 남자친구와 성관계 후 임신을 걱정하는 친구도 많다. 너도 나도 책임지지 못하는 사랑을 하고 있는 21세기의 한국 사회다.

나 또한 예외가 아니다. 어릴 때만 해도 혼전순결이 당연하게만 느껴지던 나였는데, 22살이 된 지금 혼전순결의 필요성을 못 느끼는 나다. 중학생 때까지만 해도 친구가 첫 경험을 했다 들었을 때 하루 종일 충격에 빠져 있었는데, 지금의 나는 친구가 첫 경험을 했든 원나잇을 했든 '그렇구나' 할 뿐이다. 무엇이 날 그렇게 변화시켰는가? 나와 같은 평범

한 청소년들이 제대로 된 성교육을 받고, 자존감을 찾았으면 하는 바람이다.

나도 400일 넘게 교제해 온 남자친구와 성관계를 가져야 하나 걱정을 했던 적이 있었다. '한 번 한다고 큰일이 나는 것도 아니고 뭐'라는 생각도 들었고, 또 '1년 넘게 사귀었고 또 그만큼 이 친구를 좋아하니 육체적 사랑도 나쁘지 않겠지'라고 생각했기 때문에 할까 말까 고민을 했었다. 하지만, 이번 기회를 통해 내 생각은 많이 바뀌었다. 임신이 되었을 때, 남자친구가 끝까지 내 옆에 남아 있을지 도망을 칠지 모르고, 또 그 친구가 내 곁에 남아 있더라도 낙태로 내 몸을 상하게 하고 싶지 않기 때문이다. 한 순간의 충동에 못 이겨 몇 분간의 육체적 쾌락을 얻고자, 인생 전체를 망치는 것만큼 어리석은 짓이 없다고 생각했기 때문이다.

또한, 이번 성교육 도중 정말 충격적이었던 건 임신한 여자친구를 버린 한 남자의 엄마와 여자가 통화하는 영상이었다. 영상 속 남자의 엄마가 법적으로 하자고 뻔뻔하게 소리치는 장면에서 '법적으로 하면 되지!' 했는데 교수님께서 법적으로 해도 한국에서는 여자가 양육비를 받아내기가 어렵다고 하시는 말씀을 듣고는 정말 경악을 금치 못했다. 똑같은 사례가 외국에서 일어나면 법적으로 어떤 조치가 내려지는지에 대한 영상을 보고는 우리 나라의 법에 화가 나지 않을 수 없었다. 성관계로 인한 모든 책임을 여성에게만 돌리고, 남자에게는 아무런 책임도 묻지 않는 우리 나라가 정말 한심해 보였다. 그리고 이 사회에 살고 있는 한, 내 몸과 내 몸에서 생겨날 생명은 내가 지킬 수밖에 없다고 생각했다.

이미 21세기 한국 사회는 성적으로 많이 개방된 상태가 되었다. 남자 아이들은 여자 애들을 성적으로 농락하기 일쑤고, 솜방망이 같은 한국의 법 아래에서 무책임한 성적 범죄는 끊임없이 일어나고 있다. 콘돔을 사용하고 피임약을 먹어도 임신의 길은 열려 있다. 그렇기에, 피임만을 강조하는 것이 아닌, 생명에 대한 책임감을 부여하는 성교육, 이것이 현재의 한국 사회에 가장 필요한 것이 아닌가 생각한다.

성에서 제일 중요한 것은 책임입니다. 왜일까요? 남녀의 성적 결합은 생명 탄생으로 이어지고 이것은 누구도 바꿀 수 없는 자연의 법, 즉 하느님의 법이기 때문입니다. 콘돔과 피임약을 쓰더라도 임신의 확률이 조금 줄어드는 것이지 임신이 100% 차단되는 것은 결코 아닙니다. 피임이 완전하지 않기 때문에 선진국이라 불리는 많은 나라들에서는 청소년들에게 피임 교육만이 아니라, 책임의 교육을 더 강하게 시키고 있습니다.

미국의 경우는 국가가 아빠에게 양육비를 강제합니다. 아빠가 청소년이어서 양육비 감당이 어려울 경우, 사회복지사가 따라붙어서 아르바이트를 알선해 주면서 아빠 역할을 할 수 있도록 돕습니다. 그리고 그마저도 어려울 경우에는 국가가 우선 지급하고, 성인이 되어서 직업을 가지게 되면 월급의 일정액을 차압합니다. 또 아빠가 양육비를 회피하고 잠적을 하면, 경찰이 공개 수배를 하고 체포 작전을 펴기도 합니다. 캐나다는 아빠가 양육비 책임을 회피할 경우, 운전면허 정지, 여권 사용 정지, 벌금, 구속까지 뒤따르게 됩니다. 이것이 바로 대한민국에는 전혀 없는, 선진국에서 실시하는 책임의 성교육입니다.

아래는 미국의 10학년(한국의 고등학교 1학년) 여학생이 자신의 일상을 소개하는 유튜브 채널에 올린 "BABY, THINK IT OVER(아기, 다시 한 번 생각해 보자)"라는 육아 시뮬레이션 성교육 과제를 수행하는 영상입니다.

TAKING CARE OF A ROBOT BABY // BABY THINK IT OVER VLOG
조회수 555,476회 · 2018. 3. 13.

[관련 영상은 QR코드 참고]

아래는 이 성교육 과제에 대해서 여학생이 쓴 간략한 설명입니다.

이 동영상은 내가 집에서 주말 동안 고등학교의 부모됨 교육으로 로봇 베이비를 돌보는 기록이다(학교 과제 '아기! 다시 한 번 생각해 보자'). 당신은 아기 돌보는 일이 어떤지 그리고 그 아기가 밤에 나를 얼마나 많이 깨우는지를 보게 될 것이다. 베이비 시뮬레이션 과제의 목적은 10대 청소년들에게 그들이 아직 부모될 준비가 되어 있지 않음을 보여주는 것이고, 10대에 부모가 된다는 것이 얼마나 어려운 일인지를 보여주는 것이다. 내가 3일 동안 잠을 자지 못하는 영상을 재미있게 즐기시기를.

이 동영상은 조회수가 55만 건이 넘으면서 미국의 또래 청소년들에게 큰 인기를 끌었습니다. 동영상 하단에 달린 댓글을 보면 미국 사회와 학교 성교육이 청소년들에게 책임의 성교육을 상당히 적극적으로 실시하고 있다는 사실을 알 수 있습니다.

> 나도 올해 그 수업 수행해야 하는데, 안타깝게도 우리 학교 아기 인형은 5파운드 밀가루로 채워져 있어서 울지 않아. 그래서 정말 불행하게도 우리 선생님이 한밤중에 아기에게 무엇을 해 줘야 하는지 알려 주려 전화를 한다고 해.

> 우리 학교 로봇 베이비는 센서가 달려 있어서 그 아기를 돌볼 수 있는 사람이 오직 우리여만 해.

청소년 여러분! 미국과 같은 해외 선진국들에는 피임 교육만 존재하는 것이 아니라, 지금 확인한 것처럼 철저한 책임의 성교육이 있습니다. 그리고 이 수행 평가가 학교 성교육에서 훨씬 더 큰 비중을 차지합니다.

그러나 우리 나라 신문, 방송, 언론 그리고 유명 성교육 유튜브 채널에서는 선진국에서는 청소년들에게 콘돔을 무상으로 나누어준다는 이야기만 하고, 그러니까 한국도 청소년들이 학교에서 콘돔 교육을 받고 콘돔을 무료로 받을 수 있어야 한다는 주장을 펼칩니다. 그러나 이것은 성교육의 극히 일부를 전체인 것처럼 전달하기 때문에 결국 거짓말입니다.

TV나 인터넷에 자주 나오는 말을 그대로 믿지 말고 스스로 생각하는 힘을 기르셔야 합니다. 생각의 힘은 진리와 진실의 이야기를 듣는 것에서 시작됩니다. 하느님의 말씀을 선물로 드립니다.

"주 하느님께서는 아침마다 일깨워 주신다. 내 귀를 일깨워 주시어, 내가 제자들처럼 듣게 하신다." (이사야 50:4)

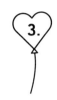

# 저 임테기좀
# 봐 주세요

저 임테기 좀 봐 주세요. 제발요. 저는 고등학교 1학년이고 남자친구는 대학생인데요. 4월 12일 날 남친과 관계를 하게 되었습니다. 막생(마지막 생리)은 3월 22일부터 3월 27일까지였구요. 처음은 아니었지만 어쩌다 보니까 정말…

솔직히 엄청 불안했는데 남자친구 말로는 임신하려는 부부들도 6개월에서 1년 정도 계속 시도하는데도 임신이 잘 안 되는 사람 많다고 한 번에 되면 기적인 거라고 걱정하지 말라고 해서 그냥 했어요.

아직까지 아무한테도 말 안 했어요. 엄마아빠한테는 당연히 말 안 했고, 남친한테도 그냥 평소처럼 연락했는데, 혹시 진짜 임신이 맞다면 남친한데 말했을 때 남친이 피하거나 연락 안 받거나 하면 어떡하죠? 제가 임테기하기 전에 "아주 만약에 아기 생기면 나 책임질 거지?"라고 물어봤는데, "응! 책임져야지. 근데 임신은 진짜 아닐 거야." 이런 식으로 말해서 확신이 안 서요.

남친 집은 아직 못 가봤지만 아디 사는지는 알고 남친 전화번호랑 집 전화번호는 아는데, 아주 혹시 남친이 연락 안 받거나 피하거나 그런 상황이면 남친 집에 찾아가거나 남친 집 전화로 전화하면 되겠죠? 게시판 가끔 보면 임신일 때 연락 끊거나 도망간다는 글을 봐서 그런데 다른 것보다 그게 제일 걱정되어서 그런데. 보통 도망가거나 피하게 되면 아버지로서 책임지게 할 방법이 있나요?

그리고 저 임신 맞는 건가요? 지금도 정신이 없어서 제가 뭘 쓰는지도 잘 모르겠네요. 그리고 만약에 진짜 임신이면 어떻게 해야 하는지좀 알려 주세요. 정신 없고 하루 종일 가슴이 뛰어서 뭘 어떻게 해야 할지 모르겠어요.

청소년 여러분, 여러분 또래의 이 여고생이 대학생 오빠와 연애를 하고 성관계도 하고 임신까지 했네요. 이 여학생이 하고 있는 성관계까지 포함된 연애에 꼭 있어야 하는데 없는 중요한 한 가지는 무엇일까요?

**책임입니다.**

게시판에 글을 쓴 여학생도 자신이 했던 연애에 책임이 빠져 있다는 사실을 깨닫고 엄청나게 괴로워합니다. 왜 여러분 세대의 청소년들 중에는 이렇게 책임이 완전히 빠져 있는 성관계를 하고, 임신과 낙태의 늪에 빠져 버리는 친구들이 많을까요?

여러분들 세대가 영화, 드라마, 뮤비, 웹툰 등을 통해서 자신도 모르게 성을 배워 익혔기 때문입니다. 그 상업적 영상물들은 책임을 완전히 빼

놓은 상태에서 연애와 성관계를 환상적으로만 보여 줍니다. 왜 영상매체는 성의 온전한 전체를 균형 있게 보여 주지 않고, 쾌락의 요소만을 과도하게 보여 줄까요? 성을 상품화하여 큰 돈을 벌기 위해서입니다. 성에 생명, 책임, 임신, 출산, 육아, 부모됨, 가족됨 등 성에 당연히 연결되어 있는 무거운 주제들을 주렁주렁 매달아 놓으면 큰 돈을 벌어 오는 상품으로 성을 포장할 수가 없습니다. 그러니까 연예기획사, 방송사, 광고 제작자들은 여러분과 같은 청소년을 유혹하기 위해서 성을 최대한 재미와 즐거움의 도구로만 보여 주는 것이지요.

쾌락과만 결합되어 있는 성은 거짓임에도 불구하고 TV, 인터넷, 스마트폰을 통해서 일상적으로 접하다 보니 익숙해져 있는 반면, 생명과 책임이라는 주제는 성의 진실인데도 들어 본 일이 별로 없어서 낯설게만 보입니다. '익숙한 거짓'과 '낯선 진실'의 문제를 어떻게 해결해야 할까요?

**사례 2**

성에 대해 매우 보수적이라고 생각했던 나도 수업을 듣기 전까지는 미디어에 지배당했었기 때문에 정말 사랑하면 성관계를 할 수 있다고 생각했다. 하지만 이는 잘못된 생각이었다. 바로 '책임'이 빠졌기 때문이다. 사랑하면 성관계를 할 수는 있지만, '책임'이라는 주제를 생각하지 못한 것은 큰 실수였던 것이다. 책임이 포함되어야 진정한 사랑을 이룰 수 있다는 것을 이제야 알게 되었다.

얼마 전에 생긴 남친에게 내 태도를 확실하게 밝혔다. 생명을 책임질 수 있는 결혼 전까지 성관계를 하지 않겠다고 선언한 것이다. 남친은 나의 생각을 존중하겠다고 했다. 내 대학 동기들 중에는 책임을 강조하는 성교육 내용이 자신들과 맞지 않다고 불평을 하는 친구들도 있지만 나에게는 이 수업이 정말 잘 맞았다. 나의 성관념을 올바르게 정립시켜 준 수업에 감사를 표한다.

이 언니(누나)는 수업을 듣고, 다른 말로 하면 교육을 통해서 성에서 책임이 제일 중요하다는 사실을 깨달았습니다. 이 언니(누나)는 앞으로 임신이나 낙태의 고통을 경험하지 않을 것입니다. 진실을 통한 깨달음이 그 위험을 예방했기 때문입니다. 임신을 하고 나면, 누구나 성에서 책임이 제일 중요하다는 진실을 깨닫게 됩니다. 그러나 그때는 너무 늦습니다.

"성관계에는 생명이 따라오게 마련이니 남녀의 책임감이 제일 중요합니다."라는 말은 낯설고 불편합니다. 처음 듣는 말이기 때문입니다. 그 낯선 진실의 이야기를 하는 사람을 최근에 TV에서 봤습니다. 강균성 씨의 깨달음을 여러분들에게 선물로 드립니다. 낯선 진실과 자주 만나셔서 친하게 지내시고, 익숙한 거짓은 멀리하시기를 바랍니다.

"그럼 남자친군데, 여행도 못 가?"
"당일 날 빨리 와야지. 잠을 안 자고 와야지."
"그렇다면 정말 불편한 여행이네."
"잠을 잘 거면 각 방을 쓰든지 해야겠지. 안 그러면 못 참으니까. 그런데 이 생각을 왜 하게 되었냐 하면, 사랑을 나눈다는 것 자체가 둘만의

즐거움만이 있는 게 아니라, 하나가 또 더 있는 거야. 생명으로 연결되

는 거. 거기에 대한 책임감이 중요해."

[관련 영상은 QR코드 참고]

# 4.

# 성(性),
# 피임인가 책임인가?

청소년 여러분! 여러분이 가장 손쉽고 빈번하게 접하는 성교육은 대체로 피임 교육입니다. 피임(避妊), 말 그대로 임신을 피한다는 뜻입니다. 성관계에 내재된 책임을 피한다는 뜻이지요. 이 피임의 길이 여러분을 정말 행복으로 인도할까요? 아래 대학생 언니(누나)의 글을 읽어 보면서 함께 고민해 보아요.

남자와 여자가 사귀기 시작하면 자연스레 손을 잡고 어느 정도 시간이 흐르면 뽀뽀를 하고 키스를 하고 더 나아가 성관계를 맺기도 한다. 나는 이 과정을 사랑하는 사람과 하는 자연스러운 과정이라고만 생각했다. 여태까지 나 또한 그렇게 살아왔기 때문에 더더욱 그랬다.

그러나 수업을 통해 이러한 과정이 미디어가 만들어 낸 결과물이라고 듣게 되었다. 엄청 이상한 기분이었다. 내가 여태까지 생각해 오던 것들이 당연한 것이 아니라 내가 미디어라는 것에 이용당한 결과물이라니. 여태까지 정말로 속고만 살아온 기분이 들었다. 그래서인지 사실 처음에는 교수님의 말에 쉽게 수긍이 가지 않았다. 사랑하는 사이라면 성관계를 해도 괜찮은 문제를 너무 비약한다는 생각이 들었다. 그러나 미혼모와 낙태에 관한 이야기를 들으면서 '내가 그동안 너무 쉽게 생각해 왔구나.'라는 생각이 들었다. 그래서 나는 좀 더 깊게 생각을 해 보았다.

사실 성관계를 하는 입장에서 여자가 남자보다 손해를 본다고 생각한다. 물론 함께 쾌감을 느끼며 즐길 수도 있다. 그렇지만 여자는 임신의 위험이라는 부담을 지게 된다. 그래서 나는 피임이 정말로 중요하다고 생각한다. 어떤 사람들은 더한 쾌감을 위해 콘돔의 사용을 거부하는 사람이 있다고 한다. 그럴 때 임신이 되어 새로운 생명이 생긴다면 어떻게 책임을 지려고 그런 일을 행하는지 이해가 가질 않는다. 그래서 나는 피임을 제대로 하려고 노력을 했다면 사랑하는 사람 사이에 성관계를 갖는 것은 더욱 사랑이 깊어지는 방법이라고만 생각했다.

그런데 수업을 들으면서 내가 피임을 해도 임신을 할 수 있다는 것에 대해 간과했음을 알게 되었다. 성관계를 하기 전에 과연 사람들은 혹시나 모르는 가능성을 통해 태어날 생명에 관하여 생각을 하는가? 나는 그렇지 않다고 생각한다. '내가 어느 정도로 노력을 했는데도 새 생명이 생긴다면 불쌍하고 미안하지만 어쩔 수 없지'라고 생각하며 빛을 보지 못한 생명을 죽이는 일을 하게 되는 것 같다. 여태까지 나는 피임만 제대로 된다면 괜찮다고 생각하며 살았는데, 적은 가능성이라도 생명이 잉태될 수 있다는 사실을 여태까지 놓치고 살았다는 것에 대해 놀라게 되었다.

교수님께는 내가 이 아이의 탄생을 행복해할 수 있을 때에만 관계를 해야 한다고 말씀하셨다. 난 처음 그 말을 듣고 너무 과장되게 해석한다라고 생각했는데 생각을 할수록 내가 책임을 지지 못할 것이라면 하지 않는 게 맞다고 생각하게 되었다. 나의 쾌감만을 위해서 관계를 가졌을 때 생길 수 있는 생명에 대해서 여태까지 굉장히 안일하게 생각했던 것을 알게 되었다.

내가 여태까지 그렇게 생각하고 그렇게 행동해 온 것은 미디어의 영향이라는 것이 나는 무서웠다. 항상 '언론 장악' 이런 말을 들으면서 언론을 통해 내가 정치적으로 왜곡된 정보들을 듣는 것은 주의하고 경계하면서 왜 성에 관하여 미디어가 나에게 주입하는 것들에 대해서는 무지했는지가 굉장히 의심스러울 뿐이었다.

사실 미디어가 발달하지 않았을 때도 사람들은 스킨십을 하고 성관계를 맺었다. 그러나 미디어의 발달로 그러한 것들을 쉽게 접하게 되다 보니 그 의미가 굉장히 가벼워지게 되었다. 사실 요즘 젊은 사람들은 손을 잡고 입을 맞추는 것에 얼마나 깊은 의미를 두고 있을까? 가벼운 스킨십은 더 가벼워지고 깊게 생각해 보아야 할 성관계도 점점 더 가벼워지게 된 것이다. 심지어 유치원생들조차 성적 접촉을 통해 쾌감을 느끼려 하는데 어른들은 얼마나 더하겠는가? 나는 성관계가 사랑을 확인하는 절차 중에 하나라고만 단순하게 생각했는데, 강의를 통해서 생명에 대한 책임을 정확하게 질 수 있을 때 성관계를 하는 것이 맞다고 생각하게 되었다.

내가 여태까지 성에 대하여 쉽고 간단하게만 생각했던 것이 미디어의 영향이 정말 컸다. 그럼 내가 이제부터 비판적으로 수용하면 그 문제가 해결되는 것일까? 그렇지 않다고 생각한다. 우리가 미디어의 잘못됨을 인정하고 그것이 사회 전체의 문제라고 인식하고 바로잡기 위해 모두가 노력해야 한다고 생각한다. 그래야 우리의 자녀와 우리의 대를 이어나갈 후손들의 미래가 밝아질 것이다.

남녀가 성적으로 결합하면 생명이 탄생하는 것은 자연법이고 하느님의 창조질서입니다. 그렇다면 성교육에서 최우선으로 강조해야 하는 내용은 책임이어야 하지요. 책임이 정석(定石)이고 피임은 편법인 것입니다. 가수 강균성 씨가 방송에서 한 아래 대화를 잘 생각해 보면 좋겠습니다.

"혼전순결을 왜 결심하게 되었냐 하면, 사랑을 나눈다는 것 자체가 둘만의 즐거움만이 있는 것이 아니라, 하나가 또 더 있는 거야. 생명으로 연결된다는 것. 생명에 대한 책임감이 중요해. 100% 피임은 정말 없어."

# 성(性),
# 시행착오와 깨달음

선생님이 부모님들을 위한 성교육 특강을 하는데, 20대의 여자 청년이 와서 강의를 열심히 듣는 것이었습니다. 너무 궁금해서 어떻게 이 강의를 들으러 왔냐고 물어봤습니다. 그랬더니 그 언니(누나)는 성적인 문제로 많은 고민을 하던 차에, 우연히 선생님이 올려놓은 유튜브 특강을 발견하면서 큰 깨달음을 얻었고, 그래서 직접 강의를 들으러 왔다고 했습니다. 또 자신의 시행착오를 부끄러워하지 않고 청소년들과 젊은이들에게 나누고 성의 진실이 무엇인지 알리는 부름받은 사람이 되고 싶다고 했습니다. 아래 글은 그 언니(누나)가 선생님에게 보내 준 고백입니다.

### 사례

내 삶 안에서 '성(性)'이라는 주제는 한시도 떨어진 적이 없다. 만화책이나 소설책, 드라마에 나오는 연애 이야기에 한창 빠졌을 초등학생,

중학생 때부터 '성'은 나를 찾아왔다. 호기심은 나로 하여금 허용의 범위를 서서히 넓히게 했다. 친구들한테 물어보거나 인터넷에 검색을 하거나 음란물을 보거나! 그러나 그것들을 접하고 나서는 호기심이 점점 더 강해졌고, 그 행위를 해 보고 싶은 욕구가 생겼다.

욕구는 생겼지만 음란물은 썩 기분 좋은 영상은 아니었다. 내가 여태껏 간접적으로 알아왔던 핑크빛 분위기에 여자가 행복해하는 그림이 아니었기 때문이다. 그래도 이상한 것은 보면서 기분은 별로였지만 계속 찾아보게 된다는 사실이었다. 그러다가 TV를 통해 유명해진 성교육을 알게 되었다. 궁금하지만 답을 얻을 수 없었던 성에 대한 질문들을 강의를 보면서 해결해 나갔고, 나의 성적 가치관이 제대로 잡혀 간다고 생각을 했었다. '청소년들에게 올바른 성을 가르쳐 주는 교육자가 돼야지'라고 생각했지만, 이 바람은 첫 남자친구와 연애를 시작한 후 곧 사라졌다.

스스로 보수적인 생각을 갖고 성에 대해 많이 고민하면서 가치관을 잘 세우고 있다고 생각했으나 남친과 대화를 한 결과 난 사귄 지 100일도 되지 않아 첫경험을 하게 되었다. 성관계를 갖고 나서 나를 찾아온 건 임신에 대한 두려움이었다. 두려움과 함께 남자친구에 대한 확신, 신뢰, 미래에 대한 생각도 같이 몰려왔다.

분명 콘돔 피임을 했지만 임신 가능성은 있는 것이기 때문에 나는 불안했다. 남친은 불안해하는 나에게 '피임 확률이 80% 이상이니까 괜찮을 거야'라고 말했지만, 나는 남친에게 나머지 20%의 확률은 생각을 안 하는지에 대해 물었고, 남친은 그저 나를 안심만 시켰었다. 우리는 임신이 되지 않길 바라며 계속 성관계를 가졌었고, 나는 콘돔만으로는 불안해서 피임약을 먹었다. 이렇게 이중피임을 하면서 나의 불안감을 달랬다. 그러나 매번 성관계 2주 후 임신테스트기로 확인을 해야 안심이 되었다. 첫연애는 성관계 후 나의 불안함으로 인해 많은 대화를 나누었지만 합의점을 찾지 못하고 삐걱거리다가 결국 깨졌다.

첫경험 전에 나는 나에게 여러 번 질문을 했던 기억이 난다. '내가 원해서 하는 게 맞아?', '후회하지 않을 것 같아?', '사랑해서 하는 거야?' 이러한 질문을 여러 번 했지만 결국 시간이 지나고 나선 펑펑 울 만큼 후회를 했었다. 이유는 그렇게 여러 번 스스로 물어봤지만 대답은 진정한 YES가 아니었기 때문이었다. 다시 되돌릴 수 없었고, 상대방이 원하기 때문에, 나 자신보다는 상대방과의 관계에 영향이 생기는 것을 더 우선시했기 때문에 나는 성관계를 한 것이었다. 나 자신에게 너무 미안했고 내가 바보 같았다.

첫 남친과 헤어지고 나서 TV강의를 통해 배웠던 성교육이 잘못되었다고 생각하진 않았지만 신앙생활을 하는 나에겐 무언가 상당히 부족한 성교육이라는 생각이 들었다. 그 성교육에서는 피임의 중요성을 강조했는데 뭔가 이상했던 것이다. 그러다가 인터넷으로 '사랑과 책임 연구소'를 발견하면서 제대로 된 성교육을 만나 말 그대로 너무 행복했다. 청소년들과 청년들의 교육 소감문을 읽으면서 '이제야 나의 성가치관을 제대로 세울 수 있겠구나!' 하는 확신이 생겼다.

나는 지금까지 기존 성교육에 대해서 의심을 해 본 적이 없었다. 교육이라는 명분으로 교묘하게 '피임만 잘 하면 된다'는 내용이 많았기 때문에 나도 그리로 그냥 끌려 들어갔던 것이다. '사랑과 책임의 성교육'을 접하지 못했더라면 잘못된 성적 가치관을 가지고 살면서 다른 이들에게 그리고 내 아이에게도 그 생각을 전했을 것이다.

그러나 이제 제대로 된 성교육은 피임이 아니라 책임임을 알았기 때문에 많은 이에게 이 내용을 전해야 한다고 생각한다. 지금 이 순간에도 임신 가능성으로 불안해하고 있을 다른 친구들을 떠올려 보면 마음이 아프다. 지금까지 성적 고민을 안고 살아오면서 '나는 잘하고 있어' 하는 뿌듯함을 느낀 적도 있었지만, 지금 생각해 보면 결국 다 시행착오였다. 내 나이 만 24세. 주민등록증이 나온 성인이다. 술도 마실 수 있고, 19금 영화도 볼 수 있고, 모텔도 갈 수 있지만 나의 안일한 행동에 대한 책임 앞에선 미숙하기만 한 이름뿐인 성인이다.

선생님은 이 글을 읽으면서 "믿음은 들음에서 온다."라는 로마서 10:17의 말씀이 불쑥 떠올랐습니다. 이 언니(누나)는 청소년 시절에 피임 교육만을 들었기 때문에 피임에 대한 신앙이 생겼고, 그것을 그냥 따라가 버린 것이지요. 시행착오를 겪은 후에 책임에 대한 이야기에 귀를 열게 되면서 '아! 성교육은 생명과 책임 그리고 혼인과 가정으로 이어져야 하는구나!'라고 이 언니(누나)는 깨달은 것입니다.

내가 자주 듣는 그 내용이 내 믿음이 된다는 것은 중요하면서도 무서운 사실입니다. 하느님으로부터 근원하는 내용을 자주 들어야만 그 믿음이 나를 생명으로 인도해 갑니다. 하느님에게서 오지 않은 것들은 그럴싸해 보여도 결국에는 사람을 죽음으로 끌어 갑니다. '성관계는 자유롭게 해도 되고 피임만 잘 하면 된다.'라는 생각은 달콤하지만, 하느님의 적대자 악마가 주는 생각입니다. 청소년 여러분! 내가 자주 듣고 보는 모든 내용을 하느님의 관점, 즉 진리의 입장에서 잘 살피세요.

# 책임의 가치관은
# 책을 읽어야 생깁니다

아래는 중학교 2학년 여학생이 쓴 독후감입니다. TV, 인터넷, 스마트
폰을 주로 보았을 때 가지게 되는 성적 가치관과 책을 보았을 때 새롭게
생기는 성적 가치관이 어떻게 다른지 한 번 확인해 볼까요?

나는 이 책(『청소년들에게 보내는 사랑과 책임의 성교육 편지 1』)을 읽
기 전까지 잘못된 지식을 가지고 살았다는 것을 알았다. 바로 피임에
대한 것이다. 나는 피임 도구인 콘돔이나 피임약으로 100% 임신을 막
을 수 있을 줄 알았다. 이 책을 보기 전에는 사실 피임만 제대로 하면 되
니까 '성관계를 해 봐도 되려나!' 이런 생각을 했었는데 큰일 날 뻔했다.
100%로 피임이 되는 것은 아니라고 하니 말이다. 책임! 평생 힘들게 살
뻔했다는 생각이 들었다.
읽은 내용 중에 스킨십에 관해 있었다. 대중매체가 행동을 통제한다는

것, 그리고 저런 것에 나의 연애가 맡겨져 있다는 것. 참! 무섭기도 하고 내가 한심해 보이기까지 했다. 좀 충격이었다. '연애할 때 듣는 노래가 내 얘기 같은 이유가 무엇일까?' 물어보는 부분에서 '작가가 어떻게 자기 마음을 잘 알까?' 이런 것이 아니고, 우리가 대중문화에서 심어 준 방식 그대로 연애를 하기 때문에 그런 것이라고 한다. 나도 이렇게 느낀 적이 있었는데 '대중문화에서 가르쳐준 대로 한 것이었구나!'라는 생각에 조금 당황했다.

이 책을 읽으면서 알게 된 것이 있었는데 바로 '성관계 책임 서약서'이다. 여자가 임신하면 책임지지 않는 남자들이 많은데, 이 서약서는 법적 효력이 있어서 귀찮더라도 꼭 써야 한다고 한다. '소 잃고 외양간 고친다.'라는 말처럼 성적 책임 회피를 막아야만 한다.

18살 대학입시를 코 앞에 둔 고등학교 3학년 언니가 있었다. 수능이 7개월 남았고 집에서 아침 7시에 나와 밤 12시에 들어오는 것이 일상인데, 이런 와중 임신을 했다. 이 언니는 혼자 애를 키울지 말지 고민을 했고, 임신을 했다는 이유로 퇴학을 당할지는 몰랐다고 한다. 이것이 강제적 낙태가 아닐까 싶다. 성관계는 생명으로 이어지기 때문에 책임은 반드시 따른다는 것을 알고 행동해야 한다.

이 책을 보면서 나는 나한테 실망하기도 하고 내 미래가 걱정되기도 했다. 그런데 책을 읽었기 때문에 다행이라고 느꼈다. 사실 이 책을 좋은 계기로 읽은 것은 아니지만, 난 귀찮아서 안 읽고 있었는데 감상문을 쓰지 않으면 혼날까 봐 가방에서 꺼내 보았다.

진짜 본 것에 후회나 그런 감정 없이 나에게 너무 좋은 내용이어서 좋았다. 앞으로 내 생각, 가치관이 어떻게 바뀔지 모른다. 그래도 예전보다는 더 깊게 생각하지 않을까 싶다. 앞으로 학교 안에서나 학교 밖에서나 달라진 모습으로 살았으면 좋겠다.

TV, 인터넷, 스마트폰을 통해서 주로 접하는 것들은 상업적 영상물입니다. 영화, 드라마, 뮤직 비디오와 같은 돈을 벌어들이기 위해서 제작되는 상품이죠. 그 안에는 은근하게 '성관계는 재미 있는 놀이(sex=game)' 그리고 '콘돔과 피임약으로 임신은 얼마든지 막을 수 있다.'라는 가치관이 배어 있습니다.

둘 다 거짓말인데, 이것이 거짓임을 알아차리고 진실이 무엇인지 알기 위해서는 진리를 담고 있는 책을 읽고 깊게 생각을 해야만 합니다. 깊은 사색을 통해서 내가 직접 깨달은 내용이 나의 삶을 이끌어 가게 해야 합니다. 책임감은 책을 읽음으로써 생깁니다.

아래는 중학교 2학년 여학생이 책을 읽으면서 처음 알게 된 성관계 책임 서약서입니다. 꼼꼼하게 읽어 보세요.

# 성관계 책임 서약서

나는 _____와 성관계를 가지면서

아래 사항을 엄숙하게 약속합니다.

|  | 남자 | 여자 |
|---|---|---|
| 이름 |  |  |
| 주민번호 |  |  |
| 주소 |  |  |
| 집전화 |  |  |
| 이동전화 |  |  |

1. 나는 이 성관계로 말미암아 발생할 수 있는 모든 사태를 ○○○와 함께 끝까지 책임질 것을 약속합니다.

2. 피임법을 실천한다 하더라도, 나는 이 성관계로 인해서 나와 ○○○ 사이에 임신이 가능함을 충분히 인지합니다.

3. 나는 성관계로 인해서 ○○○가 임신할 경우, 절대로 책임을 회피하지 않겠습니다. 절교를 선언한다든가, 연락을 끊으며 잠적하는 행위, 낙태를 강요하며 욕설과 폭언을 일삼는 행위를 일절 하지 않겠습니다.

4. 나는 이 성관계로 인해서 ○○○가 임신할 경우, 아기는 태어날 권리를 가지며, 산모는 출산할 권리와 나로부터 경제적인 도움을 받을 권리가 있음을 인정합니다.

5. 나는 성관계로 인해서 ○○○가 임신할 경우, 나는 아기와 아기 엄마인 ○○○에게 부양의 의무를 충실히 수행할 것을 약속합니다.

_____년 ___월 ___일

서약자 _____ (서명               )

남자가 본 서약서를 2부 작성하고, 남녀가 1부씩 분리 보관합니다.
(첨부: 신분증 사본 혹은 주민등록초본)

# 나는 책임지는 남자가
# 될 것이다

중학교 2학년 남학생이 책을 읽은 후에 '책임지는 남자가 되겠다.'라는 결심을 했습니다. 무엇을 새롭게 알게 되고 깨닫게 되면서 이런 결의를 다졌는지 한 번 확인해 볼까요?

### 사례

요즘 인터넷을 보면 음란물이 많다는 것을 느낄 수 있다. 이 책(『청소년들에게 보내는 사랑과 책임의 성교육 편지 1』)에서는 그 이유 때문에 결혼하기 전에 성관계를 하지 않으면 이상한 사람 취급을 한다고 써 있다.

콘돔을 쓰고 피임약을 먹어도 피임 확률이 100%가 아닌데, 사람들은 이 사실을 잘 모르고 피임 도구만 믿고, 성관계를 쾌락의 수단으로 많이 한다고 한다. 그러다가 임신을 하면 아빠가 될 사람은 책임을 지지 않고 도망가고, 임신한 여자만 홀로 남게 되는데 이렇게 되면 여자는 낙태를 하거나 출산 후에 아기를 버리게 된다.

생명은 사랑을 받아야 하는데 귀찮음의 대상이 되는 아기들이 불쌍하고, '나 몰라라' 하는 미혼부가 밉고, 책임을 홀로 지는 미혼모의 상황이 딱하다. 만약 결혼 후에 임신을 하면, 남녀가 함께 책임을 지기 때문에 결혼하고 나서 성관계는 자유인 것 같다.

외국에는 성관계에 대해 남녀 둘 다 책임을 지도록 하는 법이 있는데, 한국에는 이 책임법이 없어서 낙태와 아이를 버리는 일이 많은 것 같다. 한국도 하루 빨리 이런 법을 만들어서 아이가 사랑받지 못하는 귀찮음의 대상이 되지 않게 해야 한다. 이런 법이 만들어진다면 당연히 책임지기가 두려워서 성관계를 막 하지 않을 것이고, 그러면 버려지는 아기도 줄어들 것이다.

나는 성관계를 쾌락의 대상으로 하지 않고 생명을 소중하게 여기면서 결혼 후에 아내와 해야겠다. 또 만에 하나 결혼하기 전에 성관계를 하게 되면 꼭 책임을 지고 미혼모 혼자 책임을 지는 일이 없도록 할 것이다. 당연히 성폭행 등의 범죄는 절대 하지 않을 것이며, 성인이 되기 전에는 성관계를 하지 않을 것이다. 이 세상에서는 자신이 진정으로 사랑하는 사람과 결혼하고 성관계를 해야겠다. 인생에서 '책임'은 어디서나 중요한 것 같다.

이 남학생은 책을 읽으면서 외국에는 책임법이 있어서, 여자를 임신시킨 남자가 '나 몰라' 하면서 도망칠 수 없다는 사실을 새롭게 알게 되었습니다. 그리고 그것이 강력한 책임의 성교육이 된다는 사실도요.

그런데 여러분들이 주로 접하는 성교육은 책임이 아니고 피임입니다.

유튜브에 수백만 건의 조회수를 기록한 성교육 채널에서는 피임 이야기만 합니다. 이 정도면 피임 만능주의라고 할 만합니다. 피임(避妊)-말 그대로 '책임을 피한다.'는 뜻이에요. 여러분! 상식적으로 생각해 보세요. 책임을 피하는 법을 가르치는 것은 교육이 아닙니다. 인간은 자신의 모든 행동에 책임을 져야 하고, 교육은 그 책임지는 법을 가르치는 과정입니다. 여러분! 생명과 책임의 길을 걷게 해 주는 좋은 책과 가르침을 자주 만나세요.

# 성과 관련된 존중의 의미는 무엇일까?

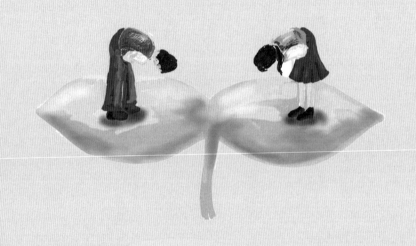

# 1.

# 나의 이성 친구는
# 나에게 사람인가 물건인가?

철학자 칸트는 "인간은 자신의 목적으로 존재하며 이런저런 의지에 의해서 임의로 사용되는 존재가 아니다."라고 했습니다. 말이 좀 어렵지요? 칸트가 이런 말을 한 이유는 인간과 물건을 구분하기 위해서입니다. 물건은 이용할 수 있지만, 인간은 절대적 가치를 가진 존재이기 때문에 이용해서는 안 된다는 것이지요. 아래 대학생 언니(누나)의 글을 읽어 보면서, 인간을 이용한다는 것의 의미와 그것이 왜 나쁜지를 생각해 볼까요?

나도 누구나처럼 연애를 했다. 자연스러웠다. 그 사람이 좋고, 보고 싶고, 단 둘이 있고 싶고, 남들이 하는 것은 다 해 보고 싶었다. 그러나 나의 지난 남친들을 생각했을 때 확실한 건 문학청년은 없었다는 것이다. 대놓고 "나 너랑 자고 싶어." 했던 남친도 있었다. 정말 다행히도 나는 정결의 가치를 소중히 여겼었고, 그래서 남자들을 만나면서 많은 유혹이 있었음에도 불구하고 잘 거절해 왔다. 남친들에게 "난 혼전순결주의자야."라고 말하기도 했다. 하지만 결국 나는 그 말을 지키지 못했다. 궁금했다. 너무 궁금했고, 영화나 드라마에 나오는 그 사람들처럼 사랑을 확인받고 싶었고 남친에게 내가 이만큼이나 널 좋아한다는 것을 확인시켜 주고 싶었다. 처음이 어려웠지 두 번 세 번은 참 쉬웠다. 모텔 들어가는 걸 혹시라도 누가 볼까 집과 학교에서 굉장히 먼 곳까지 갔고, 그래도 불안해서 모자를 쓰고 고개를 푹 숙이고 들어갔다. 지금 생각해 보면 왜 그렇게 하면서까지 내가 모텔을 갔을까 하는 생각만 든다.

여자가, 아니 내가 남친에게 몸을 허락한다는 것은 나에게 있어선 정말 큰 결심이고 용기였다. 하지만 남친은 그렇게 생각하지 않았다. 내가 잠자리를 거부하면 토라졌고, 그 상황이 싫어서 나는 또 모텔에 갔다. 잠자리를 함께 하는데도 내 의견은 거의 반영되지 않았던 것 같다. 어느 순간부턴 이 남자가 내가 좋아서 만나는 게 아니라 나랑 자려고 만난다는 느낌을 받았다. 그래서 말했다. 이러려고 만나는 사이 같다고. 그후 며칠 정도는 야외로 돌아다녔다. 하지만 잠깐이었다. 우린 또 모텔로 향했다.

잠자리를 갖기 시작하면서부터 단 둘이 있을 수 있는 밀폐된 곳만 찾아다녔다. 대화 주제도 달라졌으며 함께 공유하는 사진이나 동영상들도 처음과는 너무도 달라져 있었다. 하지만 그때의 나는 그 남친이 나를 사랑하는 건지 이용하는 건지 분간할 능력도 생각도 없었고, 남친이 이끄는 대로 따라다녔다.

그래 놓곤 부모님 앞에선 떳떳한 척했고, 성당에서 고해성사를 볼 때도 말하지 않았다. 사실 이 강의를 듣지 않았더라면 끝까지 난 솔직하게 살지 못했을 것이다. 별로 문제라고 생각하지 않았기 때문이다. '다들 하는데, 난 최소한 문란하진 않아!' 하면서 합리화를 시켰던 것이다. 하지만 이 강의를 들으면서 내 자신에게 먼저 솔직해져야 강의를 잘 받아들이고, 다른 사람들에게도 성과 사랑에 대한 진실을 말해 줄 수 있을 것 같았다. 그래서 성당에 가서 고해성사를 보았다. 그리고 스스로에게 약속했다. 흔들리지 않기로.

이제 나는 남자를 만남에 있어서 가장 우선되는 기준이 생겼다. 야동청년인가 문학청년인가가 바로 그것이다. 나를 위해서 그리고 내가 앞으로 꾸려 나갈 가정과 아이들을 위해서라도 야동청년을 남편으로 맞을 순 없다. 문학청년을 찾긴 힘들겠지만 최소한 당당하고 뻔뻔한 야동청년과는 절대절대 만나지 않을 것이다.

대학에 가고 성인이 된 후에 남자를 만나는 것은 나에게 굉장한 의미였다. 드라마, 영화 속에 나오는 배우들처럼 연애를 할 수 있겠다는 기대감과 청소년 때는 해 볼 수 없는 많은 것들을 할 수 있겠다는 생각에 행복했다. 그러나 드라마와 영화에서 본 것들을 다 해 봤지만, 나는 행복하지 않았고 고통스러웠다. 수업 시간에 배운 대로 미디어가 우리에게 주입시킨 허상을 따라 살았기 때문이다. 영화 주인공들이 하는 것을 따라 하는 삶이 아니라, 나의 사랑과 나의 미래는 내 의지대로 내가 스스로 만들어가야 한다. 옳고 그름을 구별할 수 있는 안목을 갖추게 해 준 이 수업과 선생님께 진심으로 감사하다.

이 언니(누나)는 남친이 나를 사랑해서가 아니라 성관계를 하기 위해서 나를 만난다는 사실을 감지하게 되었습니다. 남친이 나를 자기 욕망을 풀기 위한 수단으로 대하고 있음을 느끼고 큰 상처를 받은 것입니다. 칸트식으로 설명해 보면, 결코 사용되어서는 안 되는 존재인 인간을 물건처럼 사용했기 때문에 받은 상처인 것이지요. 어떤 형태로든 사람을 도구화하는 것은 그 사람에게 큰 고통을 줍니다. 그래서 칸트는 다음과 같은 정언명령을 만들었습니다.

"나 자신이든 다른 사람이든
인간을 단순한 수단으로 다루지 마라.
인간을 언제나 목적으로 다루도록 행동하라."

가톨릭 교리서에서는 정결을 '자신의 욕구를 충족하기 위한 도구로 남을 이용하려는 유혹에 맞서는 덕행'으로 설명합니다. 청소년 여러분! '나는 내 이성 친구를 사람으로 존중하고 있는가 아니면 물건 취급을 하고 있는가?' 한 번 꼭 생각해 봅시다.

# 스킨십과 키스의
# 진도는?

청소년 여러분! 사귄 지 하루면 손 잡기, 일주일이면 뽀뽀, ○○일이면 키스 등등의 연애 진도가 과연 맞는 말일까요? 사귀고 나서 일정 시간이 지나면 특정 행동을 꼭 해야만 하는 것일까요? 아래 언니(누나)의 글을 읽고 스킨십 진도에 대해서 깊이 생각해 보세요.

**사례**

어렸을 때부터 드라마 속 설레는 연인들의 모습을 동경했다. 드라마 속 멋진 연애 장면들을 보면 심장이 두근두근거렸고, 그 장면들을 몇 번이고 되새김질하였다. 드라마를 보고 바로 잠들 때면 눈을 감고 방금 시청했던 드라마 속 여주인공이 되어 마음껏 상상의 나래를 펼치곤 했다. 정말로 간절히 나를 사랑한다고 이야기해 주는 잘생기고 공부도 잘하고 키도 큰 사람이 나타나기를 꿈꾸었다. 이러한 남자친구는 고등학생이 되어서도 20살이 지나서도 나타나지 않았다. 내 마음은 조급해져

갔다. 내가 꿈꾸는 로맨스들은 머릿속에 가득한데 그 로맨스를 충족시켜 줄 남자가 없었던 것이다.

주변에서 하나둘 연애하는 사람들이 많아질수록 내 마음은 더 조급해져만 갔다. 드라마에서 봤던 아름다운 로맨스들을 경험해야 하는데 계속 연애를 못하고 있으니 답답했다. 그래서 타협점을 찾기로 했다. 내 주변에서 그나마 남자친구감으로 가장 괜찮은 사람을 정하기로 결심한 것이다. 나에게 첫 남자친구란 굉장히 중요한 의미가 있는 사람이었다. 첫 연애 상대자이고 나의 처녀딱지 또한 떼 줄 사람이어야 했기 때문에 나름대로 상당히 진지하게 주변 남자들을 탐색했었다.

그중에서 약 2년 정도 내가 좋다고 내게 접근하는 사람이 있었고 이 사람이면 나의 첫 성관계 상대로도 문제가 없겠다고 생각했다. 그 당시 나에게 첫 성관계란 단순히 자유로운 연애를 하기 위한 반드시 통과해야만 하는 관문 정도였다. 그렇게 그 사람과 사귀게 되었지만 그 사람과의 연애는 행복하지 않았다. 서로 대화가 잘 통하지 않았고 그래서 이 관계가 나를 너무 답답하고 힘들게 했다. 몇 번 더 만남을 가져도 우리의 대화는 항상 형식적이었고 서로에 대한 믿음이나 사랑도 더 깊어지지 않았다. 오히려 점점 더 불편해질 뿐이었다.

그렇게 3개월이 지난 후 우리는 함께 공원을 걸었다. 그리고 그 사람이 나에게 키스를 하기 위해 뽀뽀를 했는데 깜짝 놀라는 내 모습을 보며 갑자기 그만두더니 이제 집에 데려다 주겠다며 가자고 했다. 드디어 내가 그렇게 하고 싶었던 첫 키스의 순간이 왔는데, 이렇게 헤어지는 것이 아쉽다는 생각이 들었다. 그래서 내가 다시 공원에 가자고 했고, 공원 주차장에서 우리는 키스를 했다.

나는 키스가 어떤 것인지 정말 궁금했고 키스할 때도 상대방보다 내가 가지고 있는 첫 키스에 대한 환상에 더 집중했었다. 그 이후 우리는 몇 번 더 만나기는 했지만 결국 헤어지게 되었다. 의사소통이 제대로 되지 못했던 우리의 관계는 더 이상 지속될 수 없었고 오히려 서로에게 속쇄가 될 뿐이었다.

애초에 시작부터 잘못된 연애였다. 나는 연애 아니 키스와 스킨십을 하기 위해 상대방을 물색했었고 나의 환상을 위해서 한 사람을 이용했던 것이다. 첫 성관계를 너무 가볍게 생각하고 잘 알지도 못하는 사람을 첫 성관계 대상자로 점찍는 행동 자체도 잘못된 것이었다. 의사소통이 잘 되지 않는 사람과 연애를 시작한 것도 잘못된 것이었고, 그런 사람과 호기심에 이끌려 그리고 드라마를 통해 갖게 된 환상을 충족시키려고 키스를 했던 것도 잘못이었다.

그때 나는 사귀기 시작하면 키스는 당연한 거라고 생각했다. 드라마를 통해서 성을 잘못 배웠기 때문이다. 그리고 그때는 키스가 깊은 신뢰 관계가 있을 때 해야 하는 행동이라는 사실도 전혀 몰랐다. 이 모든 것을 그 이전에 누군가 나에게 가르쳐 주었더라면, 상처를 주지도 또 상처를 받지도 않았을 것이다. 뒤늦게 알게 된 진리이지만, 이 진리 덕분에 나는 드라마가 내 무의식에 밀어넣었던 로맨스 판타지에서 자유로워질 수 있었다. 기쁘고 감사하다.


결론부터 이야기하면, 연애 일수에 따른 스킨십 진도는 잘못된 거짓입니다. 스킨십은 서로에 대한 신뢰와 책임의 깊이만큼 진행될 수 있는 것이지, 시간의 경과에 따라 기계적으로 이루어져야 하는 것이 결코 아니기 때문입니다.

마음이 맞지 않고 가치관이 서로 상충되어서 불편하거나 서먹한데, 스킨십을 진행한다면, 이것은 서로에게 상처를 입히는 행위가 됩니다. 그리고 성적 환상을 충족시키기 위해서 스킨십을 시도한다면 이것은 내 욕망을 위해서 상대를 이용하는 행위가 됩니다. 이미 사랑과 존중의 관계가 아닌 것이지요.

성(性)은 인간의 생명을 탄생시킬 수 있는 불과 같은 뜨거운 에너지입니다. 신뢰, 책임, 존중의 정신 없이 성에 가까이 가면 큰 화상을 입을 수 있습니다. 성이라는 뜨거운 불 주변에 있는 여러분! 여러분은 '얼마나 가까이 가야 화상을 입지 않을까?' 하며 불가로 모여들고 있나요? 아니면 '어느 정도 떨어져 있어야 따뜻할까?' 하며 선을 지키고 있나요? 깊게 생각해 보세요.

# 순결은 정말
# 버려야 할
# 구시대적 족쇄일까?

# 성(性)과
# 어리석은 물고기

사례

작년까지만 해도 나는 사람들이 흔히 말하는 성생활이 문란한 대학생이었다. '세상 어디에도 사랑은 없다.'라는 주장하에 수많은 여자들과 하룻밤 쾌락을 추구하던 어리석은 사람이었다. 더욱 어리석었던 것은 그런 하룻밤 사랑을 영웅 심리에 친구들에게 자랑하곤 하던 나의 행동이었다. 하지만 언제부턴가 내가 그토록 좋아하던 하룻밤 쾌락을 하면 할수록 마음은 공허해져만 갔다. 마치 목이 마를 때 탄산음료를 마시면 순간의 갈증은 해결되지만 후에 더욱 갈증이 나는 것처럼 말이다. 그 이후 복잡했던 이성 관계 등 모든 것을 정리했다. 하지만 나의 갈증은 날이 갈수록 더해졌다. 마음 속의 풀리지 않던 매듭은 여전히 남아 있었다.

청소년들의 평균 성관계 나이는 13.6세로 성이 개방화되었다는 유럽 국가와 비교해서도 빠르며, 미성년자의 출산이 한 해 3,000건이 넘으며, 한 해 우리나라에서 낙태 수는 최소 35만 건이 넘는다는 사실에 나는 아연실색할 수밖에 없었다. 사실 이전까지 내가 아이를 가진다면 난 무조건 낙태를 선택할 것이라고 생각했기 때문이다.

나 같은 못된 생각을 가진 사람이 35만 명이 넘을 것이라는 생각에 나는 나 자신의 삶을 되돌아보았다. 과연 내가 여기서 자유로울 수 있다고 떳떳이 말할 수 있는가? 나도 모르게 내가 혹시 그 35만 건 중 한 명일 수도 있다는 생각에, 난 너무나 양심의 가책을 받아 수업 자료를 제대로 쳐다볼 수조차 없었다. 마치 그 자료가 나를 겨냥해서 제작된 것인마냥.

나도 이미 성과 관련된 대중문화의 홍수 속에서 살아왔다. 항성 성을 음악과 절묘하게 융합시킨 유명 가수이자 제작자를 보면서 '항상 멋있다'라는 생각을 했고, 그래서 나도 하룻밤 사랑이라는 것을 아름답게 생각하고 거기에 빠져 있었던 것이 아닐까 하는 생각을 했다. 세계 제일의 인터넷 강국이라는 말은 다시 말하면 음란물이 유포되기 위한 최적의 조건을 가지고 있다는 소리이다. 음란물은 대부분 현실과는 정반대의 상황을 제공함으로써, 보는 사람들로 하여금 일탈의 욕구를 가지게 하고, 해소시키고자 하는 욕구를 일으킨다. 특히 판단력이 모자란 청소년들은 이것을 실행에 옮기고자 하기 때문에 미성년자 성범죄가 날로 증가한다.

나의 경우, 인터넷을 일찍 설치한 탓에 초등학교 5학년 때 음란물을 처음으로 접해 보았다. 처음에는 번쩍번쩍거리는 화면에 여자들이 나체로 있는 모습이 나에게 많은 충격을 주었지만, 그 충격은 이내 호기심으로 발전되었고, 금세 아무렇지도 않게 되었다. 음란물을 보면 볼수록 실제로 해 보고 싶다는 욕망도 커져갔고, 난 중학교 3학년 때 당시 사귀던 여자친구와 성관계를 했다. 나의 예로부터 쉽게 찾을 수 있듯이, 음란물이 청소년들에게 미치는 영향은 매우 크다.

물고기는 당장 눈앞의 미끼를 먹으려고 달려들지만, 결국 더 큰 것을 보지 못해, 그날 저녁 사람들의 식탁에 오른다. 청소년들도 큰 것을 보는 것이 아니라, 당장 눈앞의 쾌락만을 좇는 것이 현실이다. 이전까지 나는 눈앞의 미끼만 먹으려고 달려드는 어리석은 물고기에 불과했다. 섹스는 게임이라는 어느 가수의 말은 나의 이성관계의 철학이었다. 아마 그때부터 나의 채울 수 없는 공허가 시작되었던 것 같다. 성관계는 용의 눈을 그리듯, 사랑의 정점을 찍는 것과 같으며, 또한 한 사람에 대한 책임이 수반된다는 것을 왜 몰랐을까?

이 강연은 23년을 어리석은 물고기로 살아온 나에게 늦은 후회를 하게 해 주었다. 내가 어리석게 허비한 청소년 시절을 지금의 청소년이 똑같이 겪게 하고 싶지 않다. 그리고 좀 더 실질적인 청소년 성교육이 필요하다고 생각한다. 단순한 피임 교육이 아니라, 바른 가치관을 확립하게 해 줄 수 있는 성교육인 순결 교육도 꼭 필요하다고 생각한다. 이런 교육이 있어야만 나와 같은 어리석은 물고기가 또 발생하지 않을 것이다.


이 글은 선생님의 성교육 특강을 들은 대학생 형(오빠)이 쓴 보고서입니다. 이 형은 자신의 청소년 시절의 성행동을 반성하고 후회하고 있습니다. 이 책을 읽고 있는 청소년 여러분은 현재 어떻게 살고 있는지요? 인터넷에서 쉽게 볼 수 있는 음란물이나 선정적인 대중문화에 푹 빠져 있지는 않은지요? 내가 먹은 음식이 내 몸이 되듯이, 내가 보는 것들이 내 정신을 형성하고 내 행동을 이끌어 갑니다.

여러분이 인터넷에서, TV에서, 스마트폰에서 매일매일 보는 내용이 여러분을 어디로 데려가고 있는지 한 번 깊게 생각해 보세요. 위의 형(오빠)의 글에서 알 수 있는 것처럼, 음란물이나 대중문화가 재미있기는 하지만, 그것은 여러분을 낚기 위한 미끼인 경우가 많습니다. 지혜로운 사람은 속지 않습니다. 당장 눈에 보이는 화려함이 아니라, 진정한 행복을 주는 생명과 순결의 길에 들어서는 용감한 사람이 되기를 바랍니다.

# 나는 더 이상
# 더러운 여자가 아니다

아래 글은 대학생 언니(누나)가 자신의 중학교, 고등학교 시절을 돌이켜 보고 쓴 깨달음과 치유의 기록입니다. 여러분의 현재 삶과 비교하면서 읽어 보세요.

**사례**

중학교 2학년 때 사귀었던 한 살 연상 오빠의 친구가 "너 쟤 가슴은 만졌냐?"라고 말한 게 기억이 난다. 그 당시에 든 생각으로 '도대체 내 가슴이랑 이 오빠랑 무슨 상관? 그게 뭔데?' 했던 것도 정확하게 기억한다. 그 오빠와 헤어진 후 내가 한 살 더 먹은 중학교 3학년, 16살 때 친한 친구에게서 남자친구가 자꾸 가슴을 만져서 어떻게 해야 할지 모르겠다는 고민을 듣게 되었다.

그때쯤부터였던 것 같다. 남녀 사이의 스킨십의 진도와 그 끝을 알게 된 건 그 나이부터였다. 그리고 그 나이에 나에게 성관계를 요구하는 남자친구를 사귀었다. 그 남자친구와는 햇수로 3년을 만났고 3년 만났으면 할 거 다 했겠다는 사람들의 예상처럼 18살에 그 남자친구와 처음 관계를 가졌다.

남들은 사랑하는 사람과 관계를 맺으면 더 가까워지고 사랑하는 기분이 든다던데 그때 나는 너무 어려서였을까? 전혀 행복하지도 않았고, 사랑하는 마음이 생겨나지도 않았다. 오히려 한 번 실수를 저지르고 나니 헤어지고 싶어도 발목이 잡혀서 헤어지지 못했다.

그 당시 남자친구(그렇게 부르기도 싫지만)의 집에 갔다가 혼자 집에 돌아가는 버스 안에선 나 자신이 마치 매춘부가 된 것 같아 많이도 울었다. 경험한 사람만이 아는 한 달의 두려움과 죄책감은 항상 나를 죄어 왔다. 최악의 상황이 일어나지 않게 하기 위해서 응급 피임약을 얻으러 산부인과에도 몇 번 갔었다.

엄청난 수치심과 죄책감… 나는 결국 그 남자친구와 헤어졌다. 그 후 시간이 많이 지난 뒤에도 트라우마처럼 그 기억은 날 따라다녔고 나 자신에게 나는 언제나 순결하지 못한 더러운 여자가 되어 있었다. 보다 못한 친구가 보낸 제발 그런 걸로 너 자신을 낮추지 말라는 문자에 혼자서 펑펑 울었을 만큼 그런 생각이 나를 지배하고 있었던 것이다.

시간이 흐르고 이렇게 대학에 와서 처음에 대중매체와 성에 대한 강의를 들었을 때는 참 뭔가 많이 찔렸던 것 같다. '내가 만났던 남자도 저렇게 책임감 없고 거지 같은 남자였는데' 하는 생각이 들기도 했다.

두 번째 시간쯤 미혼모가 겪는 고통을 담은 다큐멘터리를 본 수업 날이 기억에 남았다. 정말 남 일 같지도 않았고 먼 이야기 같지도 않았다. 내 친구 중 두 명이 낙태 수술을 했다. 한 명은 남자 측에서 모든 책임을 지고 아직까지 잘 만나고 있지만 다른 한 명은 미혼모 다큐에서 본 것과 똑같이 "그게 내 애 맞아?" 하는 대접을 받았다. 더한 질문으로는 "너 생리하는 것 같은데 왜 임신했다고 거짓말 쳐?"라는 말도 들었다.

그 친구는 부모님께도 너무 죄송하고 우리에게도 미안해서 단 한 마디도 하지 못하고 혼자 6개월을 괴로워했었다. 죽으려고 밤마다 자기 목을 졸랐지만 차마 죽을 용기가 나지 않았다고 했다. 영화 「과속스캔들」에서는 미혼모도 하고 싶은 거 많고, 또 그것을 다 하는 모습을 보여준다. 그러나 그것은 실제를 경험해 보지 못한 사람들이 보여 주는 잘못된 환상일 뿐이다.

세상은 온통 섹스에 대해서 이야기하고 또 가르치고 있다. 하지만 정작 우리는 우리에게 필요한 성교육과 나 자신과 내 몸의 소중함을 가르쳐 주는 진정한 성교육을 청소년 시절에 그 어디서도 배울 수가 없었다.

그래서 처음엔 이런 일을 당한 게 '제대로 대처하지 못한 여자인 내 잘못'이려니 생각했다. '거부하지 못한 게 잘못이지 뭐.' 하고 생각했던 것이다. 근데 선생님께 수업을 듣고 나니, 내가 잘못되고 더러운 것이 아니라는 것을 알았다. 아무도 내게 가르쳐 주지 않았던 것뿐이다. 이런 수업을 많이 해서 나처럼 경험한 후 뒤늦게 깨닫기 전에 많은 사람들이 그리고 청소년들이 성(性)에 대한 진정한 의미를 알았으면 좋겠다.

이미 아픈 경험을 한 후에 수업을 들어서 아쉬웠지만 강의를 들은 몇 주간 몇 가지 깨달은 게 있다. 나는 더럽지 않고 내 친구들도 더럽지 않다는 것. 나도 내 친구들도 모두 순결하다는 것. 순결은 육체적 순결이 아닌 정신적 순결이 진정한 순결이라는 것. 그리고 또 전의 일들은 바람결에 날려 버릴 수 있게 되었다는 것. 몇 년간의 트라우마에서 드디어 벗어날 수 있게 해 준 좋은 강의였다.

청소년 여러분! 사람은 끊임없이 배워 나가는 존재입니다. 그 배움의 통로는 직접 체험일 수도 있고, 교육을 통한 간접 체험일 수도 있습니다. 지혜로운 사람이 되기 위해서는 독서와 사색 그리고 관찰을 통한 간접 체험을 폭을 넓혀 가야 합니다. 모든 것을 직접 체험을 통해 배우겠다는 것은 매우 어리석은 태도입니다. 위 글을 쓴 언니(누나)도 체험으로 먼저 고통당한 후 대학에 와서 뒤늦게 진실에 눈을 뜬 것에 대해서 가슴 아파 했습니다. 배우기 위해서는 스스로 생각해야 합니다. 아래 사도 바오로 의 말씀을 잘 생각해 보시면 좋겠습니다.

"여러분은 현세에 동화되지 말고 정신을 새롭게 하여 여 러분 자신이 변화되게 하십시오. 그리하여 무엇이 하느 님의 뜻인지, 무엇이 선하고 무엇이 하느님 마음에 들며 무엇이 완전한 것인지 분별할 수 있게 하십시오." (로마 서 12:2)

# 이제는 그만,
# 생각 없는 성(性)

청소년 여러분, 여러분은 정결이나 혼전순결이라는 단어를 만나면 어떤 생각이 드시나요? 대학생 언니, 오빠, 누나, 형들 중에는 이 단어에 강한 거부감을 넘어서서 적대감을 드러내는 사람들이 많습니다. 여러분도 아마 비슷할 겁니다. 그렇다면 혼전순결이 무슨 죄나 잘못일까요? 아래 글을 한 번 읽어 보면서 혼전순결에 대해서 다시 한 번 생각해 보는 기회를 가지시면 좋겠습니다.

### 사례

수업을 들을 때마다 늘 떠오르는 친구 A가 있다. A는 고등학교 3학년 때 같은 반이었고 마음이 잘 맞았던 친구라서 함께 있으면 시간 가는 줄 모르고 수다를 떨곤 했던 절친이었다. 이 친구는 수능이 끝나고 자신을 고등학교 시절 내내 좋아했던 남자 B와 교제를 시작했다. 하루는 그 둘이 교제한 지 3주쯤 되었을 때, A를 만나 우리는 카페에서 이야기를 나눴다. 이야기 내용의 대부분은 성과 관련된 내용들이었다. 우리 둘 다 고등학교 다닐 때는 이런 대화 주제는 털끝조차 하지 않았던 것인데 20살, 성인이 되었다고 나름 어른 흉내를 내는 것만 같아 웃겼다. 대화의 주된 내용은 이런 것이었다. 이제 우리 커플도 성인인데 언젠가는 섹스를 하게 될 날이 오지 않을까, 그게 언제가 될지는 모르겠지만 그때를 위해선 자신이 어떠한 준비를 해야 하는 것일까에 대한 것들이었다. 난 그때 이 수업을 듣기 전이어서 자유로운 연애주의 사상을 가지고 있었기 때문에 A에게 "피임약 제 때 챙겨먹으면서 즐기는 건 네 맘대로 해라. 콘돔이 없을 땐 너라도 준비가 되어 있어야지, 섹스라는 게 마음먹고 하자 해서 하는 건 아니니까."라며 지금 생각해 보면 무슨 생각에서 그런 말을 내뱉었는지 경악할 만한 말을 했었다.

그렇게 얼토당토하지도 않은 성적 대화를 끝마치고 한 일주일 후쯤 A에게서 연락이 왔다. 전화 내용인즉슨, B가 A에게 스키장으로 둘이서 놀러가자고 제안을 한 것. 아무 생각 없이 나는 "그래, 재밌겠네. 잘 놀고 와라."라고 말했지만 그 후에 A의 대답은 "하룻밤 자고 오자던데."였다. 그땐 나도 모르게 소름이 돋았다. 이론은 정말 충분히 알았지만 친한 친구가 막상 그러한 행동을 실천에 옮길 판이라니 소름이 돋지 않을 수가 없었다. A에겐 B가 첫 남자친구였다. 그렇지만 한 달도 채 안되어 이미 키스와 가슴을 만지는 스킨십까지 허용을 했다고 들었기에 남은 건 정말 섹스밖에 없었다. 정말 아무 것도 모르던 순진한 친구가 그렇게 변해가는 모습을 보는 게 좀 슬펐다. 그래서 난 스키장 가는 것을 말렸다. 무조건 스키장에 가는 건 반대다, 더 오래 사귀고 나중에 가도 된다고 그렇게 말했지만 결국 그 둘은 기어코 가고야 말았다.

예의라는 게 있기 때문에 "너희 둘이 잤냐?"라고 직접적으로 물어보진 못했다. 그리고 그 둘은 이후에 같은 대학에 합격해서 그 학교 기숙사에서 지내고 있다. 고향과 다른 곳이라서 가족들과도 떨어져 살기 때문에 자기 관리를 제대로 할 수 없는 곳에서 지내고 있는 것이다.

이 수업을 듣고 정결의 중요성을 깨달아 가고 있는 나는 늘 A를 떠올리면서 걱정을 하고 있다. 이러다가 정말 조금이라도 실수가 생겨 A가 잘못되면 어쩌나 하는 생각 때문이다. 이 리포트를 쓰면서 방금 결심한 건데 이걸 다 쓰면 A에게 연락을 취해 오랜만에 얼굴을 보며 강의 때 배웠던 모든 중요한 내용들을 하나하나 가르쳐 주고 설득할 예정이다. 내 친구는 내 이야기를 받아들이지 않을 수도 있다. 가수이자 제작자인 박○○의 신봉자로서 연말에 하는 미성년자 관람불가 콘서트에 가는 것을 몇 년 전부터 열광해 오고, 미국 드라마를 너무 많이 본 탓에 섹스에 대한 아무런 책임감을 갖지 않는 것이 당연한 것이라고 생각하는 사람이기 때문이다. 무슨 생명, 책임, 순결 타령이라며 대놓고 비웃을지도 모른다. 하지만 수업 시간에 새로 터득하게 되었던 수많은 깨달음들이 지금까지도 잊히지가 않는다.

그 전까지 나는 그냥 텔레비전이나 영화, 음악에서 보여 주는 것처럼 섹스란 단지 연애하고 사랑하면 할 수 있는 것이라고 생각했고, 그것이 전부인 줄로만 알고 있었다. 하지만 현실은 TV에서 보여 주는 것과 달랐다. 순간의 유혹에 이끌려 섹스를 하고 나면 잠시는 좋을지 모르겠지만 그 뒤에 이어지는 긴 책임의 시간이 있다는 것을 몰랐다. 임신을 하고도 낙태를 해 버리는 청소년, 계획 없이 아이만 달랑 낳아 놓고 키울 자신 없어하는 미혼모, 아이와 여자를 두고 도망가 버리는 남자. 수업을 듣기 전까진 단 한 번도 생각해 본 적 없는 끔찍한, 그러나 우리 주위에서 아니 나에게조차 얼마든지 일어날 수 있는 일이었다. 상상조차 하고 싶지 않을 만큼 싫었다. 이런 생각을 처음 해 보면서 내 가치관도 서서히 바뀌어 가기 시작했다.

수업을 들은 이후 나를 오래간만에 만난 친구들은 내가 이러한 이야기를 해 주면 놀란다. 드디어 너도 철들었냐며. 오늘도 나는 가장 친한 친구(슬프게도 A는 아니다.)와 혼전순결을 지키자고 약속을 했다. 사실 이게 별게 아닌데도 쉽지가 않으리란 건 확실하다. 남녀가 교제를 하다 보면 분명 남자 쪽에서 섹스를 요구할 것이다. 그것이 나쁜 것만은 아니지만 이러한 요구를 일일이 들어 줘야지만 사랑을 지속할 수 있는 건 결코 아니다. 사랑하는 여자의 몸과 생명을 지켜 줄 수 없는 남자라면 그럴 바에는 헤어지리라 마음먹었다. 1할의 후회도 하지 않을 것이다. 우리는 누구보다 자기 자신, 내 몸을 가장 아끼고 사랑해야 한다. 섹스만이 사랑을 표현할 유일한 방법은 절대 아님을 깨닫고 혹여나 유혹에 흔들려 섹스를 즐기는 수단으로만 생각하려는 마음이 들 때면 그 마음을 자제하고 내 행복한 미래를 위해 한 번 더 생각해 보려 노력하는 자세를 가지자. No enjoy, no more.

청소년 여러분! 혼전순결은 폐기해야 할 구시대의 족쇄가 아니라, 남녀의 성에 내재된 책임을 다하게 하는 균형 잡힌 성적 태도이자 그리스도교의 중요한 가르침입니다. 여러분을 포함한 젊은 세대는 일상적으로 접하는 대중문화와 음란물 등을 통해서 성을 쾌락으로 즐기라는 메시지를 압도적으로 많이 접하고 있는 반면, 교회의 가르침을 배울 기회는 거의 없습니다. 그래서 왜 교회가 정결을 중시하는지 그 근원적인 이유를 잘 모르고 있을 뿐입니다. 가르침에 귀를 열고 그것을 들을 때 깨달음이 생깁니다. 솔로몬 왕이 지혜를 청하며 바쳤던 그 기도를 여러분을 위해 저도 다시 바칩니다.

당신 종에게 듣는 마음을 주시어, 선과 악을 분별할 수 있게 해 주십시오. (열왕기상 3:9)

# 혼전순결을 이야기하면 왜
# 바보 취급을 받는 세상이 되었을까?

"저는 누구와 결혼할지 아직 모릅니다. 그런 저는 장차 제 아내가 될 사람을 벌써부터 배신하고 싶지 않습니다." 이 말은 아직 한 번도 여자와 잠자리를 하지 않은 이유를 묻는 질문에 남자 대학생이 한 대답입니다. 청소년 여러분! 이 대답이 여러분들에게는 어색하고, 심지어 우습기까지 할 것입니다. 실제로 대학생 형(오빠)이 친구들 모인 자리에서 이런 이야기를 하면, 그 즉시 사방에서 비난과 야유가 쏟아집니다. 세상이 왜 이렇게 되었을까요?

### 사례 1

대중매체는 혼전 성관계는 당연한 것이며, 혼전순결을 지키는 이들을 앞뒤가 꽉 막힌 바보로만 보여 줬다. 혼전순결이 마치 여성의 자유를 억압하는 것인 양 20대의 인기 많은 젊은 여자 연예인들이 방송에 나와서 자신의 성경험을 당당하게 밝히고, 오히려 성관계를 권유하는 분위기를 연출한다. 뿐만 아니라 아이돌의 뮤직비디오나 춤도 이와 똑같다. 이런 방송을 쉽게 접하다 보니 내가 구시대적 사고방식을 하고 있는 것인가, 비정상인건가 하는 생각이 들기도 했다. 대중매체에서는 한쪽의 이야기만을 전체인 것처럼, 그리고 모두 그렇게 해야 하는 것처럼 보여 주기 때문에 암묵적으로 사람들이 세뇌당하는 것 같아서 기분이 좋지 않았다.

많은 젊은이들이 연애하면 쉽게 성관계할 뿐 아니라, 혼전순결을 지키려고 하는 사람을 폄하하게 된 가장 큰 원인은 이 시대의 상업적 매스미디어에 있습니다. 시청률과 돈만을 추구하는 상업방송이 특정 부류 사람들의 자유로운 성관계를 집중 조명했고, 그렇게 증폭된 이야기를 재미있게 들은 청소년과 청년들이 성관계를 모방하게 된 것입니다. 특정 제품을 멋지게 표현한 TV 광고를 자주 볼 경우, 그 제품을 살 가능성이 높아지는 것과 같은 현상입니다.

유행처럼 번지는 성관계는 진지한 사랑과 책임의 행위라기보다는 거대 기업이 만들어 놓은 마케팅의 결과입니다. 매스미디어가 특정 방향으로만 거세게 흘러가는 거대한 물결을 만들어서 사람들을 떠밀어 가는 세상이 되었습니다. 이런 세상에서 떠밀려 다니며 살지 않기 위해서는 자신의 가치관을 주체적으로 확립해야만 합니다. 그러기 위해서는 상업적 미디어가 일부러 보여 주지 않는 성에 대한 총체적인 모습을 인식하게 해 주는 교육을 받고, 자기 생각을 꼼꼼하게 정리해 봐야 합니다. 그과정을 거친 대학생 언니(누나)의 생각을 한 번 볼까요?

**사례 2**

수업 시간에 청소년 첫 성관계 연령이 13.6세인 것을 알고 매우 놀라지 않을 수 없었다. 성관계를 시작하는 나이가 어려져서 초등학생이 성관계를 맺는 시대가 오고 있는 것이다. 이렇게 어린 아이들이 임신을 하면, 과연 이 아이들에게 생명에 대한 경외심이 있을까? 여학생이 아이를 임신하여 혼자서 낳고 그 아기를 살해했다는 기사를 종종 보게 되는데, 이것만 보더라도 이들에게 생명은 어떤 존재인지 알 수 있다.

그래서 나는 혼전순결에 찬성한다. 나는 절대 내가 보수적이여서, 즉 여성의 정조를 강요했던 가부장적 사고에 세뇌되어 혼전순결에 찬성하는 것이 아니다. 혼전 성관계로 인한 임신과 그에 따른 여러 가지 문제점 때문에 찬성하는 것이다. 또한 그것이 미래의 남편과 자식에 대한 예의라고 생각한다.

여러분은 순결에 대해서 어떤 생각을 하고 있나요? 여러분이 일상적으로 접하는 상업적 미디어에서는 성관계를 놀이처럼 표현해 놓은 경우가 무척 많습니다. 그렇게 표현된 성이 여러분들 무의식에 그대로 각인되고, 성관계라는 문턱을 쉽게 넘는 청소년들이 늘어납니다. 프랑스 철학자 폴 리쾨르는 이런 말을 했습니다.

"성적 만남을 쉽게 만드는 모든 것은 또한 그러한 만남을 무의미한 것으로 전락시키는 촉진제이기도 합니다."

성이 무의미하게 되면 인생이 무의미해집니다. 그래서 순결과 정결은 그것을 세상에서 폄하하더라도 남녀 모두에게 중요한 가치일 수밖에 없습니다. 내가 사랑하는 그 사람에게 줄 수 있는 가장 큰 선물이 바로 나 자신이기 때문입니다. 나 자신을 선물로 내어 줄 준비를 하는 남녀가 만나면 그 만남이 곧 축제가 됩니다.

### 사례 3

순결을 버리라고 하는 세상이지만, 나는 내가 사랑하는 한 사람에게 '첫'이라는, 단 한 번밖에 없는 고귀한 기회를 선물하기 위해 순결을 고이 간직한 마음이 순수한 사람이다. 누구나 자기가 사랑하는 사람에게 가장 소중한 것을 선물하고 싶지 않을까? 그 가운데 남녀의 만남에서 가장 감격스럽고 기쁜 선물이 '첫경험'이 아닐까? 그런 면에서 '첫경험'을 아무렇지도 않게 장난처럼 소모해 버린 남녀는 스스로 얼마나 허무할까?

세상 모든 일이 여러 번 반복되면 그 가치가 떨어지는 법이다. 그래서 '첫'이 중요하고, '단 하나'의 개념이 중요하다. 특히 남녀의 만남에서는 누구나 상대방에게 자신이 '단 하나의 의미'가 되기를 바란다. 그냥 스쳐 지나가는 여럿 중의 하나가 되길 원하는 사람은 아무도 없다. 그 '단 하나의 의미' 자기와 상대방의 인생에서 오래도록 기억에 남을 대사건의 주인공이 되고 싶은 마음에 '첫경험'을 소중히 여기고, 선물로 주고 싶은 것이다.

진실과 진리에 속한 청소년 여러분! 세상의 물결에 휩쓸려 가지 말고 정결의 길을 걸어가세요. '내가 이러고 살다가 연애도 못하고 결혼도 못하는 게 아닌가?' 하는 불안감을 갖지 마세요. 하느님을 믿고 그 길을 가면 같은 지향성을 가진 사람을 만날 수 있습니다. 그리고 그 두 남녀는 하느님이 마련해 주신 축제의 삶을 살 수 있습니다.

# 성관계는 언제 해야 하는 것일까요?

청소년 여러분! 정결, 순결과 같은 단어를 들으면 어떤 생각이 먼저 떠오르나요? 소중하고 아름다운 가치라는 생각이 들기보다는 피식 하며 웃음이 나오는 친구들도 있을 것입니다. 이 시대의 적지 않은 청소년들이 정결과 순결을 거부하는 경향이 있습니다. 그리스도교 신자 청소년들도 마찬가지입니다. 왜 많은 청소년들이 약속이라도 한 듯이 이런 생각을 하게 된 것일까요? 성교육 강의를 열심히 듣고 깨달음을 얻은 대학생 언니(누나)의 고백을 들여다보면서 그 이유를 찾아보면 좋겠습니다.

사례

참 이 강의를 잘 들었다는 생각이 들었다. 내가 모호하게나마 문제라고 생각했던 것들에 대해 그것이 왜 문제인지 체계적인 설명을 들을 수 있었기 때문이다. 그럼에도 불구하고 이상한 일이 내 마음 속에서 벌어졌는데, 그것은 '정결'이라는 단어를 들었을 때의 나의 반응이었다. 낙태가 만연해 있는 현실을 극복하기 위해서는 정결의 가치를 복원해야 한다는 이야기를 들었을 때, 너무나 당연해서 머리로는 충분히 이해되었지만 내 마음은 '정결'이라는 단어를 거부하고 있었던 것이다. 이상한 경험이었다. 머리로는 받아들였지만 마음이 거부했기 때문이었다.

왜 이런 거부감이 생기는지 생각해 보았다. 중고등학교 시절 단 한 번도 올바른 성(性)에 대해, 올바른 연인 관계에 대해 생각해 본 적도, 또 마음에 와닿는 교육을 받아본 적도 없었기 때문이었다. 연인이 되면 당연히 성관계를 하는 거라고 나도 모르게 생각했던 것이다. 뿐만 아니라 멋진 남자를 만나서 마음에 들면 성관계를 하고, 그 관계에 얽매이지 않고 쿨하게 헤어질 수 있어야 멋있는 여자라고 생각했었다.

나는 또 곰곰이 이 생각이 어디에서 온 것일까 생각해 보았다. 금새 알 수 있었다. 내가 청소년 시절 미디어를 통해 접했던 내용물들 가요, 드라마, 영화, 만화책, 포르노, 인터넷 게시판의 글들이 내 성적 가치관의 상당 부분을 만들었던 것이다. 이런 상태로 대학에 가고 스무 살이 되었지만, 올바른 성에 대한 교육은 어디에서도 접할 수 없었다. 한참 시간이 지난 후 교리교사를 하면서 성에 대해 처음으로 정확한 교육을 받았다. 사막에서 오아시스를 만난 느낌이 들었다. 그럼에도 불구하고 '정결'에 대한 거부감이 사라질 때까지 상당히 많은 노력과 시간이 필요했다. 연애를 시작하면 그래서 감정적 호감이 생기면 성관계를 마음껏 해도 된다는 생각이 내 무의식에 깊게 뿌리를 내리고 있었기 때문이었다.

과거로 돌아가 청소년기의 나를 만날 수 있다면, 내가 지금 알고 있는 것들을 사랑을 담아 설명해 주고 싶다. 정말 행복한 여자는 남자에 얽

매이지 않고 자유롭게 성관계하는 여자가 아니라, 나와 새 생명을 온전히 책임질 수 있는 남자를 만날 때까지 정결과 절제를 실천하며 사는 여자라는 것을 말이다. 연인 관계에서 중요한 것은 스킨십이 아니라, 대화하면서 서로를 이해하고 배려하며 인격적인 관계를 형성해나가는 과정임을 이야기해 주고 싶다. 인격적인 관계가 형성되기 이전에 스킨십이나 키스 등을 먼저 하게 되면 불쾌함만이 체험되는 불행한 관계가 될 수 있다는 사실도 알려주고 싶다.

남자친구와의 데이트는 노래방, 멀티방, 비디오방과 같은 밀폐된 장소가 아니라 많은 사람들이 있는 개방적인 곳에서 해야만 데이트 성폭력이 발생하지 않는다는 사실도 말해 주고 싶고, 또 나를 인격적으로 존중하고 나를 온전히 책임질 수 있는 남자에게만 내 몸을 만질 수 있도록 허락해야 한다는 사실 또한 알려 주고 싶다. 포르노는 남녀 간의 정상적인 인격적인 관계를 불가능하게 하는 치명적인 것이므로 절대 보지 말 것을 거듭 당부하고 싶다. 포르노를 보는 사람은 절대 행복해질 수 없다는 사실을 꼭 이야기해 주고 싶다.

이러한 진실을 이전에 알고 있었다면, 정결이라는 단어에 무의식적인 거부감은 생기지 않지 않았을 것이다. 뿐만 아니라 시행착오 없이 내가 꿈꾸던 풋풋하고 예쁜 사랑을 할 수 있지 않았을까 하는 미련도 함께 남는다.

이 언니(누나)에게 정결에 대한 거부감이 왜 생겼던 것일까요? 어려서부터 본 영화, 드라마, 뮤비, 광고, 포르노 등의 영상물을 통해서 정결의 가치를 무시하라는 가르침을 지속적으로 받아왔기 때문입니다. 지금 여러분도 이 비슷한 가르침을 TV, 인터넷, 스마트폰을 통해서 받고 있습니다. 정결은 구시대적 억압이고, 호감이 생겨서 연애하면 성관계는 당연히 하는 것이라는 달콤한 메시지가 도처에 넘쳐 납니다. 그러나 속지 마세요. 감정적 호감으로만 시작된 성관계는 오래 지속되지도 않고, 절대로 생명을 지켜낼 수도 없습니다. 가톨릭 교회의 가르침을 여러분에게 선물로 드립니다.

> 오늘날에는 사람들이 전에 비해 혼전 성관계를 많이 맺습니다. 그러나 혼전 관계에는 사랑과 양립될 수 없는 두 가지 조건이 있는데, 헤어질 가능성과 임신에 대한 두려움입니다. 사랑은 매우 위대하고 거룩하며 유일무이하므로 교회는 젊은이들에게 결혼할 때까지 성관계를 갖지 말아야 할 의무가 있다고 가르칩니다.
>
> - 가톨릭 청년 교리서 YOUCAT 321쪽

# 이 시대를 사는 남자가
# 정결과 동정을 지키려면?

청소년이든 대학생 청년이든 이성교제를 시작하면 스킨십을 하고, 결국에는 성관계까지 가는 것이 일상적인 연애 코스처럼 되어 버린 것이 현실입니다. 특히 남자들이 여자친구에게 성관계를 강요하는 경우가 많지요. 연애를 시작하면 여자친구와 성관계를 할 권리가 자동적으로 남자에게 생기는 것일까요? 이 시대의 많은 남자들이 이런 생각을 하고 삽니다. 그러나 간혹 세상의 흐름과는 정반대로 사는 남자를 발견할 때도 있습니다. 이번에는 여러분들께 그런 남자를 소개해 주고 싶습니다.

### 사례

얼마 전 나는 한 여학생에게 호감을 느끼면서 좋아했던 적이 있었다. 그러나 나는 그 여학생에게 다가가지는 못 했다. 일단 용기도 없었고, 또 돈이 없어서 연애를 감당할 수 없었기 때문이다. 시작도 못 해 보고 끝난 슬픈 짝사랑의 이야기이지만, 이때 나를 큰 충격에 빠뜨린 사건이 있었다.

내가 그 친구에게 호감을 느끼면서 관심을 가질 때, 한 친구가 나에게 물어봤다. "너 쟤랑 자고 싶냐?" 그래서 나는 "아니."라고 대답을 했는데, 그 친구의 대답은 "그럼, 사랑하는 거 아니야."였다. 그때는 그 말을 이해할 수 없었다. '내가 사랑을 잘 몰라서 그런 것인가?'라고 생각했다가 그래도 '이건 아니다.'라고 생각했었다. 그러나 내 주변의 많은 친구들은 섹스를 하고 싶은 마음이 없으면 사랑이 아니라는 말을 했고, 연애를 하면서 섹스를 하지 않으면 그것은 사랑이 아니라고 주장하면서, 성관계를 하지 않는 나와 내 주변의 몇몇 친구들을 오히려 비정상 취급을 했었다.

성에 대한 이런 논쟁이 발생할 때마다, 동정을 지키려는 나와 내 친구들은 자유롭게 성관계를 하고 사는 친구들과 심한 말다툼을 했었다. 그런데 동정을 지키려는 나와 내 친구들은 논리가 무척 부족했고 할 말이 별로 없었다. 주변 친구들은 다 성관계를 하고 있었고, 대다수의 사람들이 성관계하는 것이 아무렇지 않고 좋다는데, 왜 정결과 동정을 지키려고 하는 건지 논쟁을 하다 보면 '내가 왜 이렇게 살아야 하는 거지?' 하면서 혼란에 빠져 버렸고, 우리들도 흔들릴 뻔한 적이 많았다. 홧김에 '성관계를 해 버릴까' 하는 생각이 들었던 적이 있을 정도였다.

그때마다 우리 자신을 지켰던 무례하고 뻔뻔한 대답은 "너네는 발정난 개니까 맘대로 성관계해라. 우리는 사람이니까 함부로 안 하겠다."였고, 또 "너네들처럼 섹스해서 태어난 아이에게 너네들은 '미안! 엄마 아빠가 크리스마스에 모텔 가서 놀다 보니까 너네가 생겨서 그냥 낳게 됐어.'라고 말해라."였다. 그러면서 한 마디 덧붙였던 말은 "아마 너네

임신되어도 애 낳기는 싫어서 낙태할 텐데, 수술할 때 너의 주체 못하는 성기도 함께 자르면 어떻겠니?"였다. 이렇게 무자비하고 무식하게라도 방어막을 치지 않으면 나 자신을 지키기 어려운 상황이었고, 이것 말고는 대처할 방법이 없었다. 왜냐하면 그때는 나 자신조차도 성에는 남녀의 쾌락만이 있는 것이 아니라, 생명으로 연결되고 그래서 반드시 책임이 따라야 하고 남녀의 인격적 관계가 필요하다는 사실을 잘 몰랐기 때문이었다. 이것은 체계적인 교육을 받고나서야 알게 된 진실이었다.

그리고 이번에 수업을 다시 들으면서 한 번 더 절감하게 된 사실이 있다. 그것은 내가 이 문화 속에 살고 있기 때문에 이 문화가 알려 주는 것들을 나도 모르게 받아들이려고 한다는 사실이었다. 옛날의 천주교 성인(聖人)들은 이렇게 말했다. 내가 살고 있는 문화가 어떤 것이건 또 내가 문화로부터 어떤 영향을 받고 살아 왔건 지금 그것이 잘못된 것임을 안다면, 그 바탕과 영향을 거슬러 살아야만 한다는 것이다. 정말 공감되는 말이지만 어려운 말이기도 하다. 하지만 그렇게 살아야 함을 알기에, 무한히 넘어져도 무한히 일어나면서 문화를 역류해 나가야 한다는 결심을 한다.

이 대학생 형(오빠)의 글을 보면 알 수 있는 사실이 확실히 하나 있습니다. 이 시대에 남자가 정결의 가치를 소중히 여기며 살기 위해서는 투쟁에 가까운 노력이 필요하다는 것입니다. 남학생들은 현재 어떤 삶을 살고 있나요? 그리고 삶에서 무엇을 바라고 있나요? 잘 성찰해 보는 시간을 가지면 좋겠습니다. 쾌락과 욕망의 시대를 살고 있는 여러분들께

프란치스코 교황님께서 토리노를 방문하셨을 때, 그 도시의 젊은이들에게 해 주신 말씀을 전해 드립니다.

저는 여러분들이 참으로 선하다는 걸 압니다. 아울러 제가 솔직하게 말해도 된다는 것도 알고 있습니다. 인기 없고 쉽지 않은 말이기는 하지만 한 말씀 드려야 할 듯합니다. 교황도 때때로 진리를 말하기 위해 위험을 무릅써야 하니까요.

사랑은 상대를 매우 존중합니다. 사랑은 사람을 이용하지 않는 거죠. 즉, 사랑은 절제할 줄 아는 것입니다. 정결과 순결을 뜻합니다. 그러므로 이 세상의 젊은이 여러분! 이 쾌락주의적이며 그저 향락과 개인적 안위 그리고 그런 삶을 살라고 선동하는 이 세상의 여러분들에게 말합니다. 절제할 수 있기를 바랍니다. 정결하길 빕니다.

우리 모두는 요즘의 사랑에 대한 쾌락주의와 가벼움을 극복하기가 어렵다는 것을 알고 있습니다. 만약 제가 한 말이 여러분들이 기대한 답이 아니라면 용서해 주기를 바랍니다. 하지만 저는 여러분들이 정결하게 사랑을 살아가기 위해 노력하기를 바랍니다.

[관련 영상은 QR코드 참고]

# 순결은 나와 결혼할 사람에게 주는
# 최고의 선물

　청소년 여러분! 여러분이 살고 있는 이 시대는 당연한 가치를 새롭게 깨달아야만 하는 때가 되었어요. 물질주의와 쾌락주의 사회가 여러분에게 전달하는 내용들 중에는 그대로 받아들여서는 안 되고, 하나하나 꼼꼼하게 따져봐야 할 것들이 많아요. 순결에 대한 무시도 그 중 하나입니다. 대학생 언니(누나)가 성교육 강의를 듣고 순결의 소중함을 새롭게 깨달았다는 아래 고백을 한 번 잘 읽어 보세요.

**사례**

　수업을 들으면서, 나는 많은 것을 느꼈고 많은 생각이 바뀌었다. 사실 처음에는 교수님이 너무나도 비관적으로 세상을 본다는 느낌이 있었다. 온갖 걸그룹의 노래에 포르노그래피의 기술이 담겨 있다는 것 등. 하지만 두 번째 수업을 들으면서 내가 모르는 세상을 발견했다. 청소년들의 성실태를 알게 되면서 나는 정말 많이 놀랐다.

나는 아니니까, 관심두지 않았던 청소년 성세태는 충격적이었다. 아니, 이제는 어린이 성생활이라고 말해야 적절한 것일까? 첫 성경험 나이의 통계를 들었을 때는 정말 웃음밖에 나오지 않았다. 처음에는 철없는 아이들이 미련하다고 생각했다. 하지만 포르노그래피의 천국인 현대 미디어에 노출된 아이들이니 어쩔 수 없다는 생각도 들었다. 오히려 아이들은 어른들의 상업 행위 때문에 희생된 애처롭고 불쌍한 피해자였다.

하지만 이런 생각도 들었다. 과연 그들은 정말 사랑했기에 성행위를 한 것일까? 아니다. 그저 수많은 포르노그래피에 노출되어 생긴 어릴 때의 호기심 때문이다. 후회라는 것을 겪어 보지 않은 어린 나이의 그들에게, 성에 대한 호기심은 달콤한 사과처럼 보였을 것이다. 실상은 독사과지만. 성행위 후 그들이 할 수 있는 일은 무엇일까? '후회', '자책', '낙태' 등등 무엇이든지 건강한 성장을 막는 쓰라린 상처가 될 것이다. 새살이 돋아나기 위해서는 엄청난 노력이 필요할 것이다. 나는 이런 모든 것들이 한탄스러웠다.

솔직히 말하자면, 나도 이전에는 순결에 대해 깊은 생각을 한 적이 없다. 당연히 '나는 지키겠지.'라는 막연한 자만심 때문이었다. 하지만 수업을 들어 보니 전혀 아니었다. 인간은 순간의 욕정에 이끌려 얼마든지 실수할 수 있다는 것을 깨달았다. 그리고 그러한 유혹에 넘어간 사람들이 생각 이상으로 많다는 것도 알게 되었다. 미혼모의 고통을 담은 '어떤 외출'(지식채널)을 보면서 나는 더욱 슬펐다. 이 수업을 듣지 않았더라면 나는 어떻게 되었을까? 나 자신을 믿고 나를 확신하던 자신감이 조금은 깎인 느낌이었다.

'사랑하니까 허락한다.'는 말은 아름다워 보이지만 그 뒤에는 엄청난 결과를 치러야 한다는 사실을 숨기고 있다. 확실히 책임질 수 있는 조건이 아니라면 감히 할 수 없는 말이다. 나 또한 남친과 교제하고 있기 때문에 이는 엄청난 파도처럼 다가왔다. 나는 연애를 시작한 지 별로 안 되었기 때문에 스킨십을 잘 하지는 않는다. 고작해야 손 잡기 정도, 하지만 계속 만나면서 어떻게 될지 모르는 일이다. 이전의 나였으면 어떨까? 확실히 대답하지는 못하겠다. 하지만 지금의 나는 확신한다. 거부할 걸 당당히 거부할 수 있다고. 당당한 거절은 나를 위한 또 하나의 사랑이다.

사실 이 글을 쓰기 위해, 성에 관하여 검색하던 중 이런 말을 읽게 되었다. '순결은 나와 결혼할 사람에게 줄 수 있는 최고의 선물'이라는 것을. 이 말을 읽은 후 느낀 감정은 뭐라 해야 할까? 소름이 끼쳤다고 해야 하나? 너무도 당연한 것을 새로 깨달아 버린 것에 대한 놀라움 때문이었다. 옳다. 순결은 나와 평생을 같이할 반려자를 위한 아름답고도 고결한, 성스러운 것이다.

이 한 마디를 읽고 나서 경종이 울린 듯 정말 많은 것을 생각하게 되었다. 그리고 이 한마디는 나의 신념이 되었다. 이 수업을 듣지 않았더라면 이러한 믿음을 가질 수 있었을까? 처음에는 믿지 않았던 교수님의 말씀을 이제는 믿는다. 불편할 정도로 솔직한 성교육이었지만, 큰 깨달음을 주셔서 진심으로 감사하다.


여러분은 영화, 드라마, 광고, 뮤비 등의 상업적 영상물이 들려 주는 이야기를 많이 듣게 되고, 그러다 보면 자연스럽게 순결의 가치를 무시하게 되면서 고귀한 것을 쉽게 버리게 됩니다. 한 쪽 이야기만 듣지 마시고 반대쪽 이야기에도 귀를 넓게 여는 지혜를 가져야 합니다. 프란치스코 교황님은 청년들에게 "오늘날은 시대가 바뀌어 영상의 시대가 되었지만 책의 시대를 지배하던 기준을 따라 자신에게 유익한 것만 택해야 한다." 라고 말씀하셨습니다. 위 글을 쓴 언니(누나)처럼 여러분도 들음으로써 유익한 것을 잘 구별하여 선택할 수 있어야 합니다.

여러분! 듣는 것이 정말 중요합니다. "믿음은 들음에서 오고 들음은 그리스도의 말씀으로 이루어집니다."(로마서 10:17)라고 하신 바오로 사도 말씀을 잘 생각해 보시고, 듣고 깨닫고 믿는 삶을 사시기 바랍니다.

# 남자친구 그리고
# 순결에 대한 고민

    사람은 생각할 수 있는 존재입니다. 깊은 고민과 사색을 거쳐서 선택한 것일수록 내게 확신과 기쁨을 줄 수 있습니다. 아래 글은 대학생 언니(누나)가 자신의 성적 가치관을 정립하기 위해서 고민한 삶의 흔적들입니다. 청소년 여러분도 아마 비슷한 고민을 하고 있을 것 같습니다. 우리 함께 '순결을 지켜야겠다.'라는 생각의 탄생과 확립의 과정을 들여다볼까요?

**사례**

    청소년 시절 콘돔 씌우는 법을 배우는 성교육만 받았는데 나는 어느새 훌쩍 커 버렸다. 대학생이 되어 21살 인생을 사는 나에게, 성관계는 아주 가까이에 있다. 언제부터였을까? 내가 순결에 대해 고민한 것이. 순결은 아마 이 땅에 사는 여성이라면 한번쯤 고민해 본 문제일 것이다. 순결을 지켜야 하는가? 순결이란 무엇인가? 통상적으로 성관계의 유무를 말하는데, 그렇다면 성관계의 유무로 그 사람의 순결을 논할 수 있는가? 고등학생 시절, 공부가 하기 싫어 사회의 이런 저런 것들을 멍하니 생각해 보곤 했는데, 그중 가장 치열하게 고민했던 것이 바로 순결이었다. 어찌 보면 참 우스운 일이다. 남친도 없던 아이가 순결에 관하여 그토록 열심히 생각해 보다니! 하지만 나는 본능적으로 느꼈다. 여자로 태어나 아이를 잉태할 수 있는 자궁을 가진 자로서 훗날 언젠가는 맞닥뜨려야 할 문제가 성(性)이라는 것을 말이다.

청소년 시절 나는 매우 엄격한 성적 가치관을 갖고 있었다. 순결은 절대적으로 지켜야 하고. 학생이 성관계를 맺는 것은 바보 같고 위험한 일이라고 인식했던 것이다. 미성년자가 성관계를 맺는 것은 절대 안 된다는 생각에 지금도 변함이 없다. 하지만 재수를 하던 20살에 남친을 사귀면서 확고했던 신념이 흔들리기 시작했다.

수능 준비를 하다 마음이 맞아 사귀게 됐는데 수능을 볼 때까진 서로 '학생'의 선을 지키며 순조롭게 만나 왔다. 하지만 문제는 수능 이후였다. 그는 자신을 어른이라고 인식하고 있었다. 둘 다 성인 남녀인데 성관계를 할 수 있지 않느냐는 그의 말과 그동안 지켜 왔던 내 가치관은 충돌했고, 나는 혼란스러웠다.

20살이 넘으면 성인이므로 성관계를 가져도 되는가? 내 앞의 이 사람은 어디서 그런 인식을 갖게 된 걸까? 당시의 나는 후회할 일을 저지르고 싶지 않았다. 그 남자를 좋아하긴 했지만 그 전에 치열하게 고민하여 내렸던 내 가치관을 이 사람으로 인해 바꾸고 싶지 않았으며 정말 이상하게도, 이 남자와 성관계를 하면 후회할 거란 생각이 본능적으로 들었다.

나이로는 성인이지만 둘 다 경제적 능력이 없으며, 100% 확실한 피임 방법은 없기에 혹여나 임신이 되면 우리 둘의 인생에 엄청난 변화가 생길 것이란 설명을 했더니 그는 내 말에 수긍했다. 아니, 그런 듯 보였다. 하지만 만남을 지속하면서 그는 종종 '자신과 정말 안 할 것이냐?'고 물었고, 나는 같은 말을 계속해서 반복해야만 했다. 결국 헤어졌다. 그의 이기적인 태도에 실망한 일이 있었고, 그건 전혀 성적인 것과 관련된 게 아니었다.

그런데 지금 와서 그때를 돌이켜보고 깨달은 것이 있다. 사람의 강력한 3대 욕구로 식욕, 수면욕, 성욕이 있는데 이 중 성욕과 관련하여 나와 가치관이 안 맞는 사람을 계속해서 만날 수는 없다는 사실이었다. 또한 남친이 성에 대한 내 가치관을 이해해 주지 않는다는 것은 사랑하는 연인보다는 자신의 욕망을 더 우선 순위에 둔다는 뜻인데, 이런 사람과 오래 만날 수는 결코 없는 것이었다. 지금의 남친과 행복하게 잘 사귀고 있는 21살의 나는, 이 사실을 잘 깨닫게 되었다.

사실 나는 아직도 고민 중이다. 성욕을 결혼 전까지 자제한다는 걸 내가 할 수 있을까? 따라서 지금은 경제 활동을 해서 혹시 임신이 되더라도 낙태하지 않고 결혼할 수 있는 능력이 있다면 그때쯤엔 성관계를 맺어도 되지 않을까 생각하고 있다. 하지만 평생토록 서로 보듬고 살 배우자를 맞이하는 상황을 떠올린다면 역시 혼전순결을 지켜야 한다는 생각으로 강경하게 돌아선다. 연애는 여러 번 하더라도 성관계만은 배우자에 대한 예의로 지켜야 한다는 생각이 강하게 들기 때문이다.

다행히도 지금의 남친은 이런 내 입장을 이해해 주고 본인도 혼전순결주의를 지향하고 있다. 그는 자신이 상대 배우자에게 혼전순결을 원하는 만큼, 자신도 그에 상응하게 혼전순결을 지켜야 한다고 생각하기 때문이라고 했다.

'연애=성관계'라는 공식이 성립되어 버린 지금, 아마 많은 젊은이들이 순결 문제로 고민할 것이다. 왜곡된 성의식을 조장하며 범람하는 낯 뜨거운 살색의 문화 속에서 우리들은 확고한 가치관을 가지고 올바른 성의식을 가져야 한다. 그 누구도 아닌 자신의 행복을 위해서 말이다.

　　이 언니(누나)는 검색이 아니라 사색을 통해서 순결에 대한 자기 가치관을 확고하게 세웠습니다. 인터넷 익명 게시판을 들여다 보면서 남들이 어떻게 하나를 보고 자기 행동을 거기에 맞춘 것이 아니라, 스스로의 힘으로 생각하고 말하고 행동하면서 자신의 삶을 주체적으로 결정한 것입니다. 하느님은 이렇게 한 사람이 깨달음 가운데서 바로 서기를 원하십니다. 혼란의 시대를 사는 여러분! 아래 바오로 사도의 말씀을 꼭 되새기세요.

"여러분은 현세에 동화되지 말고 정신을 새롭게 하여 여러분 자신이 변화되게 하십시오. 그리하여 무엇이 선하고 무엇이 하느님 마음에 들며 무엇이 완전한 것인지 분별할 수 있게 하십시오."(로마서 12:2)

# 참사랑은 기다린다
# (True Love Waits)

지금 이 시대에 혼전순결을 지키겠다고 하면 이상하게 보거나 우습게 보는 취급을 받습니다. 주변의 친한 또래집단으로부터 따돌림을 받는 고통을 당하게 되는 것이지요. 아래 글을 쓴 언니(누나)는 그 아픔과 혼란의 시간을 지혜롭게 극복했어요. 이 언니(누나)가 통과한 깨달음과 결심의 터널을 따라 들어가 볼까요?

( 사례 )

내가 어렸을 때 우리집은 책방을 했었다. 좋은 책들도 많았지만 사실 어린 나의 관심을 끄는 건 재미있는 만화책뿐이었다. 대부분이 일본 번역본이었고 그중 일부는 직접적으로 야한 내용이 포함되어 있었다. 그게 정확히 뭔지도 모른 채 그런 내용을 볼 때 나는 그게 그저 예쁘고 재미있다고만 여겼다. 좀 더 커가면서 나는 징그럽고 무섭다는 이유에서 포르노물을 보지는 않지만 아름다운 사랑 이야기와 예쁜 등장 인물

들로 포장된 일본 만화, 게임 등을 즐겼다. 만화, 게임 속에서의 성관계는 너무나도 아름다워 보였고 내게는 호기심과 동경의 대상이었다.

고등학교 2학년 여름 남친이 생겼다. 나는 인문계 여고에 다니고 있었고 나와 비슷한 상위권 성적을 가진 아이들은 대부분 남친도 없었고 친한 남자사람친구도 없었다. 키 크고 잘생기고 드럼 연주까지 정말 잘하는 실업계 남친에, 학교 밖의 친한 남자애들이 여러 명 있었던 나는 우월감을 느꼈다.

학교를 마치면 밤 9시였기 때문에 남친을 만나는 시간은 거의 밤이었다. 사귄 지 3주 만에 첫 키스. 그리고 4~5개월쯤 되자 남친은 키스 이상의 스킨십을 원했다. 남친이 보고 싶다고 한 영화를 함께 보러 가면, 등급은 15세 관람가이지만 야한 장면이 많았고, 분위기 좋은 카페가 있다고 해서 따라가면 룸카페였다. 연휴 때 우리 집이 비었는데 남친은 요리를 해 주겠다며 집으로 찾아왔다. 나는 맛있는 요리와 다정한 남친에게 잔뜩 감동했다. 그리고 그 분위기를 이어 남친은 키스를 하다가 내 가슴을 만졌다. 나는 아직 고등학생인데 이건 좀 아니다 싶어서 남친을 잘 타이르며 진정시켰다. 그 이후 남친은 매번 좋은 분위기를 유도하며 나와 성관계를 가지기 위해 노력했다.

나는 혼란에 빠졌다. 신앙과 성욕의 괴리 때문이었다. 고민 끝에 나는 혼전순결을 지키는 것이 좋겠다는 결론을 내렸고, 매번 거절하는 것이 힘들어서 남친에게 솔직히 얘기했다. 성관계를 갖기 싫다고! 혼전순결을 지키고 싶다고! 나는 나를 위해서 진로까지 바꿀 정도로 날 사랑해 줬었던 남친이 날 이해해 주기를 바랐지만 소용없었다.

나의 계속되는 거절에 남친은 자신의 힘든 점들을 토로하기 시작했다.

수능이 얼마 남지 않은 시기에 실업계인 자신이 인문계 여친을 사귀어서 자주 보지도 못해서 얼마나 외로운지, 또 학교의 친구들이 여친과 성관계를 못한 자신을 얼마나 무시해대는지, 나랑 사귀는 동안 여자 후배 8명한테 고백 받았는데 다 내 생각하며 거절했다며 본인이 얼마나 나를 사랑하는지를 내게 얘기했다. 게다가 외국 갈 기회가 생겼는데 나 때문에 거절했다며 본인은 나를 이렇게 사랑하는데 내가 왜 성관계에 응해 주지 않는지 서운해 했다. 내가 남친을 위해 어떤 노력과 수고를 하든지 그건 다 소용 없었다. 그가 진짜 원하던 건 내 몸이었으니까.

그런 문제에 수능을 앞두고 이런저런 갈등이 겹치면서 사귄 지 1년이 다 될 쯤에 우리 관계는 상당히 지쳐 있었고 결국 헤어졌다. 그리고 2년이 지난 지금 나는 아직도 남친을 사귀지 못하고 있다. 나 말고도 주변에 혼전순결을 지킨다는 이유로 헤어진 여자애들이 많은 걸 보고 '어차피 사귀어 봤자 결국은 그 문제로 헤어지겠구나!'라는 생각에서였다. 친한 남자애들이 '너 그럼 평생 남자 못 사귀겠다.'라든가 여자애들로부터 '같은 여자가 봐도 혼전순결 지키자는 건 구시대적 발상 같은데, 너랑 사귀었던 남자가 불쌍하다.'라는 말을 들으며 나는 내가 이상한 건지 혼란스럽기도 했다.

하지만 성교육 특강을 들으면서 혼란스럽던 나의 마음이 정리가 되었다. 이 시대를 살아가고 있는 청소년과 청년들의 성의식은 자연스럽고 아름다운 것이 아니라 대중매체에 의해 상당히 왜곡되고 있다는 사실을 깨달았던 것이다. 내가 중고등학교 시절 그토록 남친을 사귀고 로맨틱한 연애를 하고 싶었던 것도 그리고 그로 인해 겪었던 성욕과 관련된 혼란들도 다 왜곡된 성의식 때문임을 깨달았다. 나는 한때 그런 것들이 잘나가고 멋있는 일이라 생각했었다. 하지만 그것들은 지금 생각하면 꾸며지고 왜곡된 이미지에 불과하다는 것을 잘 안다.

그리고 지금 바뀐 나의 생각, 혼전순결을 지키고자 하는 의지가 결코 잘못되지 않았다는 것도 확신하게 됐다. 나는 혼전순결에 대한 나의 가치관을 결혼할 때까지 지켜나갈 것이다. 나는 나에게 성관계를 요구하는 사람이 아닌 나를 진정 아껴 주고 기다려 줄 수 있는 사람을 만나서 사랑하고 싶다.

이 시대에 이 언니(누나)처럼 혼전순결을 지키겠다고 결심하는 청소년 청년들이 그렇지 않은 사람들보다 소수인 것은 사실입니다. 그러나 이 순결의 길을 가겠다고 선언하는 젊은이들이 서서히 늘어나고 있는 것 또한 사실입니다. 진정한 사랑의 의미를 깨닫는 사람들이 늘어나고 있다는 뜻입니다.

사랑이란 무엇일까요? 황순원의 소설 『소나기』에 나오는 소년 소녀처럼, 서로를 아껴 주고 위해 주는 마음이 사랑입니다. 가톨릭 청년 교리서(YOUCAT)에서는 "사랑이란 마음에서 우러난 자유로운 헌신입니다."(402항)라고 말합니다. 그 헌신의 최고봉은 내 배우자에게 나를 온전한 선물로 주고, 나도 배우자에게 그 선물을 온전히 받는 것입니다. 순결은 충분히 기다릴 만한 가치가 있는 참사랑입니다.

# 진정한 사랑의 길은?

수능을 마친 고등학교 3학년 학생 70명이 피정을 했습니다. 그 본당 신부님이 성교육 강의를 하시면서 '여러분 중에서 혼전순결을 지키지 않을 사람 손 들어 보라'고 하니, 20명 정도가 손을 들었습니다. 그 후 '혼전 순결을 지킬 사람 손 들어 보라'고 하니 3명이 손을 들었는데, 거의 모든 친구들이 그 3명을 향해서 야유를 퍼부었습니다. 무엇이 옳은 것일까요? 아래 글을 읽고 여러분이 가야 할 길을 깊게 생각해 봅시다.

### 사례

안녕하세요? 지난해 한국청년대회에서 교수님 강연을 듣고, 혼란스러웠던 가치관이 정리가 되었어요. 그 후로도 블로그에 종종 들러 교수님의 글들을 읽고 있습니다. 늘 감사드려요.

혼전 순결에 담긴 책임과 아름다움을 깨달았다고 생각했는데, 생활로 돌아와 현실에 부딪치면서 그 생각을 지키는 것이 참 어려웠습니다. 토

크쇼 「마녀사냥」이 20대들에게 엄청난 인기를 끌고 있는 것을 아시는 지요? 친구들을 만나면, 대낮에 카페에서도 '그런' 이야기를 아무렇지도 않게 합니다. 그 이야기에 '끼지' 못하면, 소외당하는 기분이 들어요. 지난 1월에는 유럽 여행 중에 처음 만난 한국 사람들과 진실 게임을 했습니다. 술자리에서 술병을 돌려서 지목되는 사람에게, 진실을 묻는 것인데, 그 질문이 언제 처음 자 보았는지부터 시작해서 참 부끄러운 이야기들이었어요. 저는 한 번도 경험이 없다고 하니까, 제가 지목되면, "넌 물어볼 게 없으니까 벌칙해."라는 식이었어요. 한 번도 '자 보지' 않아서 벌칙을 해야 하는 상황이, 처음 만난 사이에 그런 이상한 질문을 예사로 한다는 것이 정말 이상했어요.

이런 일이 종종 반복되면서, 저는 자꾸만 제가 '루저'가 되는 것 같은 느낌이 들어요. '네가 매력이 없으니까 남자친구가 없는 거야, 네가 못나서 자 보지 못한 건데, 혼전 순결 핑계 대면서 남자랑 자 보지 못한 너를 합리화하는 거야' 하는 생각이 들고, 자존감이 낮아져요.

제 강의를 듣고 절제와 정결의 가치에 대한 큰 깨달음을 얻었던 대학생 언니(누나)인데, 실제 생활로 돌아가서 겪을 수밖에 없는 어려움을 제게 호소한 편지입니다. 주변의 많은 사람들이 자유로운 성관계를 하고 있는데, 나만 그렇지 않을 경우 바보가 된 느낌도 들고 또 주변에서 바보 취급을 하는 것이 현실입니다. 그렇다면 이 '루저' 취급당하는 느낌에서 벗어나기 위해서 많은 사람들이 가는 그 길을 나도 가야만 할까요? 많은 사람이 가는 길이라 해서 그 길이 꼭 옳은 길은 아닙니다. 예수님은 "너희는 좁은 문으로 들어가라. 멸망으로 이끄는 문은 넓고 길도 널찍하여 그리로 들어가는 자들이 많다."(마태 7:13)라고 말씀하셨습니다.

성관계를 자유롭게 한다는 것은 결국 사람을 물건 취급하여 이용한다는 것을 뜻합니다. 사람을 인격체로 존중하는 것이 아니라 내 쾌락을 위한 도구로 사용하는 것이지요. 그렇기 때문에 그 길은 다수가 간다고 해도 결코 가서는 안 되는 길입니다. 프란치스코 교황님도 청소년과 청년들에게 같은 말씀, 이 시대의 성문화를 용감하게 거슬러 가라고 하십니다.

> 저는 도덕군자마냥 말하고 싶지는 않네요. 하지만 인기 없고 쉽지 않은 말이기는 하지만 한 말씀 드려야 할 듯합니다. 교황도 때때로 진리를 말하기 위해 위험을 무릅써야 하니까요.
>
> 사랑은 상대에 대해 매우 존중합니다. 사랑은 사람을 이용하지 않는 거죠. 즉, 사랑은 절제할 줄 아는 것입니다. 정결과 순결을 말하는 것입니다. 그러므로 이 세상의 젊은이 여러분! 이 쾌락주의적이며 그저 향락과 개인적 안위만을 위한 삶을 살라고 선동하는 이 세상의 여러분들에게 말합니다. 절제할 수 있기를 바랍니다. 정결하길 빕니다.
>
> 물론 우리 모두에게 삶 속에서 때때로 이 덕목을 지키기란 매우 어렵습니다. 하지만 이것이야말로 진실한 사랑의 방법입니다. 다시 말해, 상대에게 참으로 생명을 줄 줄 아는 사랑, 본인의 쾌락을 위해 상대를 사용하지 않는 사랑 말입니다. 이것은 상대의 삶과 생명을 거룩하게 여기는 사랑입니다. '나는 당신을 존중합니다' '나는 그대

를 이용하기를 원치 않아요' '내가 당신을 사용하다니요?!'라고 하는 사랑 말입니다. 네, 이런 사랑이 쉽지는 않습니다! 실제로 우리 모두는 요즘의 사랑에 대한 쾌락주의와 가벼움을 극복하기가 어렵다는 것을 알고 있습니다.

만약 제가 한 말이 여러분들이 기대한 답이 아니라면 용서해 주기를 바랍니다. 하지만 저는 여러분들이 정결하게 사랑을 살아가기 위해 노력하기를 바랍니다.

교황님은 절제와 정결을 말씀하셨습니다. 그런데 흥미로운 사실은 말씀을 시작하기 전에 '교황도 때때로 진리를 말하기 위해서 위험을 무릅써야 한다.'고도 하시고, 말씀을 다 하신 후에는 '내가 말한 정결과 절제가 마음에 안 든다면 나를 용서해 달라.'라고 하신다는 점입니다. 쾌락일변도로 흘러가는 이 시대 문화를 거스른다는 것이 쉽지 않음을 교황님께서 잘 아시기 때문에 하신 말씀입니다. 그래도 교황님의 당부를 따라서 용감하게 좁은 문으로 들어갈 결심을 하는 청소년들이 새롭게 태어나기를 바랍니다.

# 성은
## 인간 생명과
## 직결된다

# 1.

# 낙태는
# 큰 상처를 남긴다

청소년 여러분! 낙태는 몸 속의 혹이나 종양을 제거하는 간단한 수술이 아닙니다. 맹장 수술을 하면 수술 후에 집도의가 떼어낸 맹장을 부분을 보호자와 환자에게 가져와서 수술 경과를 설명해 줍니다. 낙태 수술은 전혀 그런 과정을 거치지 않습니다. 내 몸의 일부를 제거하는 게 아니라, 마땅히 존중과 보호를 받아야 하는 독립된 인간 생명을 없앴기 때문에 그 결과를 공개하지 않고 덮어 버리는 것입니다.

낙태는 당사자만이 아니라, 가족과 가까운 주변 사람들 전체에 큰 악영향을 지속적으로 미치는 최악의 선택이에요. 아래 대학생 언니(누나)의 고백을 깊게 읽어 보시고, 여러분이 가는 길을 조심히 살피세요.

( 사례 )

대중문화가 주입해 주는 그대로 생각 없이 살게 되면 임신과 낙태가 영화 속 이야기가 아니라 내가 당하는 일이 될 수 있는데, 내가 임신을 하고 낙태를 하지 않은 것은 주님의 이끄심이었던 것 같다. '구식이다', '수녀원에 들어가라'는 말을 들을 정도로 내가 이 시대의 성문화와 담을 쌓고 살았기 때문이다.

그러나 임신과 낙태는 나의 일이 되어 버렸다. 내 동생 병우(가명)와 유라(가명) 사이의 임신과 낙태는 분명 나에게 일어난 일이고 아직까지도 내 일이기 때문이다. 19살 때 난 연년생인 남동생 병우와 그의 여친인 같은 성당 유라(고등학교 1학년)의 임신 사실을 알게 됐다. 그럴 줄 알았다는 마음과 '이렇게 쉽게?'라는 마음이 들었고, 유라에게 전화해 확인을 했다. 사실이었다. '그럴 것 같았던 애들이 결국 사고 쳤다.'라며 병우와 유라를 탓했지만, 이내 조카가 생긴다는 사실에 기쁨과 설렘이 내 맘에 가득 찼다.

우리 집은 아이를 받아들이려는 입장이었지만 유라네 집은 그 반대였다. '낙태 도구를 잘 집어넣기 위해 질을 이완시키는 약', 부모님에게 저항하며 그 약을 먹지 않겠다는 유라. 절대 안 먹을 것이라는 유라의 문자. 절대 먹지 말라며 애태우던 내 모습. 결국 강제로 약을 먹인 부모님과 지금 산부인과에 가고 있다는 유라에게 차에서 내리는 순간 도망치라던 다급했던 내 마음이 아직도 떠오른다. 난 가끔 낙태 뉴스를 접하면 내 의지와 상관없이 온몸의 떨림을 느끼며 무서워 울음을 터트린다. 유라의 낙태는 나에게도 트라우마가 되었다.

성교육 강의를 들으면서 무척 힘들었다. 그 배움은 나에게 새로운 미래를 열어 주기도 했지만 동시에 나를 과거로 데려갔기 때문이다. 병우와 유라 사이에서 생명이 생겨서 당황했던 그때를 생생히 느끼게 했고, 조카가 생긴다는 기쁨이 곧 사라지고 "유라. 회복 중이래."라고 얘기하는 울다 지친 엄마의 목소리가, 그 생생한 과거가 떠올랐다. 죽을 때까지 그 일은 우리 가족과 나에게 잊히지 않을 일이기 때문에 지금 글을 쓰는 것도 무척 힘들다. 4년 전의 낙태에 대하여 지금 이렇게 반응하는 내 모습에 무척 놀랐다. 낙태는 당사자뿐 아니라 가까운 가족에게도 큰 상처를 주며, 지금까지도 죄책감이나 죄악의 되풀이의 형태로 가족 전체에 큰 영향을 주고 있다.

10월 10일은 약에 취해 억지로 산부인과에 끌려간 유라 안에서 생명이 사라진 날이다. 그 일 이후 우리 집엔 지난 일로 조용히 넘기자는 분위기가 생겼다. 엄마와 아빠 분명 그랬다. "더 이상 그 얘기는 꺼내지 마라."라고 아빠 말씀하셨다. 우리 모두는 지칠 대로 지쳐 있었지만, 나는 엄마 아빠가 그런 태도로 조용히 넘기지 않았어야 한다고 생각한다.

우린 힘겹게 세상에 태어난 아이를 입양한 가정이다. 엄마 아빠는 결혼하실 때부터 입양을 꿈꾸셨다고 하셨다. 난 우리 가족은 무조건 아이를 낳아야 한다고 생각할 것이라고 착각하고 있었다. 그래서 선택의 기로(유라 부모님과 상의하기 전)에서 낙태를 생각해 봤다는 아빠의 대답과 "난 모르겠어."라는 병우의 대답, 그리고 결국 사라진 생명에 대하여 아무 말도 꺼내지 않는 엄마 아빠와 병우에게 난 엄청난 실망을 했고, 이내 분노와 원망이 쌓여서 터지곤 했다. '살인자'라는 내 말에 병우는 이성을 잃고 폭력을 쓰곤 했고. 엄마는 중요한 사춘기 시절 병우와 함께 하지 못한 아빠를 원망했다. 부모님은 서로 얘기는 안 했지만 우리 모두 누군가를 원망하고 또 자신의 행동을 후회하고 있었다. 난 생명을 지켜야 한다는 강한 신념을 표현하지 못한 행동을 지금도 후회한다. 유라 부모님을 설득할 용기가 없었고, 엄마아빠의 포기에 끝까지 맞서지 않으면서 그렇게 침묵했던 내 모습을 후회하는 것이다.

그렇게 우리는 어떤 말도 하지 않았지만 한 명 한 명 마음속으로 '살인'에 동조했다는 죄책감을 느끼며 지냈다. 엄마는 일 년에 한 번씩 낙태된 생명을 위해 미사를 봉헌하고 기도한다. 한때 유라가 낙태로 더 위험한 생각을 하진 않을지 너무 걱정되어 간간히 안부를 묻고 몇 번 만나기도 했던 나도 점점 잊어 가고 있었다. 유라와 그 생명을.

그리고 10월 10일이 다가오는 요즘 병우는 홀로 군대에서 힘들어하는 것 같다. 매달 한 번의 심리 상담을 통해 병우는 어느 순간 마음이 탁 트이는 편안함을 느꼈다고 한다. 그러나 요즘 과거의 선택(낙태)이 최선이었다는 상담 선생님의 말씀에도 병우는 더 이상 마음의 위안을 받을 수 없다. 정말 최선의 선택이었는지에 대한 회의감과 스스로 더 애썼다면 생명을 지켰을지도 모른다는 생각에 빠져 있다.

큰일을 겪었다고 해서 실수를 되풀이하지 않는 것도 아니다. 유라네 가족은 이사를 갔지만 그 이후에도 병우와 유라는 꽤 오래 만났다. 병우 말에 의하면 유라의 남자 문제로 둘의 연애는 끝났다. 병우는 고등학교 3학년이 되어 새로운 여친과도 성관계를 했다. 어쩌면 낙태 후 유라와도 관계를 했을지도 모른다. 낙태 후 병우는 6개월 동안 매주 모래놀이 치료를 받았지만 매번 똑같은 얘기만 하게 된다며 상담을 싫어했다. 지금 돌아보면 대중문화가 주입한 매우 왜곡된 성의식을 갖고 있는 병우가 상담에서 똑같은 얘기만 하는 것은 당연한 행동이었다. 병우 같은 남자 청소년들에게서 그 이상의 행동을 기대할 수 없는 시대가 지금인 것이다.

언젠가는 우리 가족이 한 자리에서 그 일을 다시 이야기할 날이 오길 바란다. 가족 한 명 한 명이 생명을 수호하기 위해 나가갈 방향을 이야기하는 자리가 생기길 바란다. 원망하던 서로를 진정으로 안아 줄 수 있는 포용의 자리가 되길 바란다. 자비하신 하느님께서 병우를 용서하시고 우리를 용서하셨듯이.

# 2.

# 사랑은
# 지뢰밭으로 가지 않습니다

　미혼모의 처지에 있으면서 임신의 공동 책임자인 남자친구에게는 버림받은 여학생들에게 물어보면 "사랑하니까 성관계했다."라고 대답합니다. 이 어린 엄마들이 말하는 '사랑'이 진정한 의미의 사랑이 될 수 있을까요? 아래 글을 읽어 보면서 진정한 의미의 사랑에는 무엇이 반드시 포함되어야 하는지 함께 생각해 봅시다.

　고등학교 2학년 때, 완전히 잊고 지내던 초등학교 동창이 아이를 낳았다는 소식을 들었다. 뉴스에서나 접하던 일이 내 주변에서 일어났다는 사실이 꽤 큰 충격을 주었다. 임신이라는 사실에 깔려 있는 당연한 전제인 성행위, 그것도 내 미성년자인 내 친구가 그 '짓'을 했다는 것이 충격이었다. 그 친구를 임신시킨 남자친구는 퇴학당했고, 그 친구는 졸지에 고등학교 2학년에 애 엄마가 되어 버렸으니까, 평범하던 두 고등학생은 이로써 더 이상 평범할 수가 없게 되어 버린 것이다.

내가 그들의 인생에 참여할 만큼 그 친구와 친하지도 않았지만, 난 그 무책임성에 화가 났다. 두 사람의 무책임한 행동 때문에 피해를 받는 건 그 둘뿐만 아니라 주변 사람들도 포함되기 때문이다. 어릴 적부터 금이야 옥이야 길러주신 부모님은 물론이고, 무엇보다 죄 없는 아기의 인생이 안타까웠다. 그나마 낙태하지 않아서 다행인 것 아니냐고 할 수도 있지만, 잊지 말아야 할 사실은 낙태하지 않았다는 선택이 아닌, 책임질 마음도 준비도 없는 미숙한 사람이 성행위를 함으로써 결국 그 누구도 바라지 않던 상황에 처하게 되었다는 것이다. 애당초 성관계를 맺지 말았어야 한다는 뜻이다.

그러나 난 대학에 입학하고 나서야, 다른 고등학교에선 그 친구가 겪은 일이 그다지 드문 경우가 아니었음을 알게 되었다. 대한민국의 고등학생, 중학생은 내가 상상한 그 이상으로 문란했던 것이다. 성교육 강의를 듣고 난 후 곰곰이 생각해 본 결과, 이런 일들이 많이 발생하는 것은 결코 우연이 아니라는 사실을 깨닫게 되었다. 청소년들이 매일같이 접하는 대중매체는 의식적이든 무의식적이든 우리 안에 잘못된 성적 상식과 충동을 깊게 뿌리내리게 하고, 그 간접 경험이 직접 경험이 되게끔 만든다는 것을 알게 된 것이다.

TV와 드라마에서 가르치는 성관계는 행위가 가져다 줄 쾌락만을 알려줬을 뿐, 그에 따르는 책임에 대해서는 전혀 언급조차 없다. 청소년들은 그 행위의 옳고 그름을 판단할 틈도 없이, 대중매체가 선사하는 성적 판타지에만 집중한다. 청소년들에겐 행위의 순간만이 중요하기 때문에, 성관계로 인해 전개될 미래 상황에는 신경을 쓰지 않는다. 책임질 생각이 전혀 없는 것이다. 미혼모의 수가 매년 거듭할수록 점점 늘어난다는 사실이 그 무책임의 중요한 증거라 할 수 있다.

그러나 이것은 청소년들만의 문제가 아니다. 앞서 이야기했듯 스무 살이 넘은 성인들 중에도 자신이 야기한 상황에 대해 책임을 질 생각도 준비도 없는 사람이 수두룩하다. 대학생인 나도 연애를 시작하고 기분에만 이끌려서 쉽게 성관계를 한다면, 그 무책임한 성인들 중 하나가 될 것이다.

분명 성관계는 충분히 아름답고 신성한 행위가 될 수 있고 그래야만 한다. 그러나 그 성관계가 결국 미혼모나 낙태라는 결과를 가져오게 된다면, 그것은 결코 아름답다고 말할 수 없다. 그 행위가 아름다워지는 순간은 바로 쌍방이 서로에 대한 책임, 그리고 행위에 대한 책임 의식을 확고히 갖고 있을 때뿐이다. 그 외에 모든 관계는 지뢰밭과 다르지 않다. 어디를 디뎌야 폭탄이 터지지 않을지 짐작조차 할 수 없는 그런 지뢰밭. 그리고 지뢰를 밟는 순간, 인생은 뒤흔들린다.

난 어디에서 어떤 지뢰가 터질지 몰라 순간순간 긴장감을 안고 한 발한 발 조심히 발을 디디는 그런 연애는 하고 싶지 않다. 진정한 사랑은, 그 어떤 지뢰도 묻혀 있지 않는 길을 가는 것이라고 생각한다. 어디에 지뢰가 묻혀 있을지 걱정할 필요 없고 불안해할 필요도 없는 그런 안전한 길 말이다.


청소년 여러분! 사랑은 단순한 감정 상태가 아닙니다. 그러나 우리는 이 시대의 수많은 드라마와 영화를 통해서 사랑은 강렬한 감정이라고만 배우고 있지요. 그런 영상물은 아름다운 꽃을 심어 놓은 지뢰밭과 같습니다. 그 지뢰밭에 들어가지 않는 방법은 사랑이 의지의 행위임을 깨닫는 것입니다. 사회심리학자 에리히 프롬의 말을 꼭 기억하세요.

"사랑은 본질적으로 의지의 행위, 곧 나의 생명을 다른 한 사람의 생명에 완전히 위임하는 결단의 행위여야 한다. 이것은 결혼은 결코 파기할 수 없다는 사상의 배경을 이룬다. 그러나 우리는 사랑의 중요한 요인, 곧 '의지'라는 요인을 무시하고 있다."

-『사랑의 기술』

혼인 전에는 성관계 경험을 쌓아야 하는 것이 아니라, 서로간의 인격적 신뢰를 쌓아야만 합니다.

# 인간 생명은
# 하늘에서 온다

2019년 4월 11일에 헌법재판소는 낙태죄의 헌법불합치 결정을 선고했습니다. 낙태가 죄이기는 하지만 지금보다 더 폭넓게 낙태를 허용하도록 법을 개정해야 한다는 뜻입니다. 따라서 국회에서는 2020년 12월 31일까지 낙태와 관련된 새로운 법을 마련해야 합니다. 낙태를 전면 합법화하라는 요구가 이전보다 더 거세질 것입니다. 이런 사회적 요구가 정말로 옳고 정의롭기만 한 것일까요?

낙태는 뱃속에 있는 태아를 죽여서 없애는 행위입니다. 물론 그런 일을 하게 되는 데는 여러 이유가 있습니다. 여자를 임신시킨 남자가 책임을 지지 않고 엄마와 아기를 외면해 버리는 것이 가장 큰 이유입니다. 이런 이유가 있으면 태아를 없애도 되는 걸까요? 아래 글을 읽어 보고 낙태가 할 수 있는 일이고 권리가 될 수 있는지 깊게 생각해 봅시다.

스물네 살, 직장인이었던 나는 연애 중이었다. 사랑이라는 감정에 휩쓸렸던 그때, 나는 지켜야 할 것을 지키지 못하고 말았다. 연애를 한 지 일년이 채 되기도 전에 피임을 했음에도 불구하고 아이가 생긴 것을 알게 되었고, 남자친구에게 임신 사실을 알렸다.

사실을 알게 된 남자친구는 아무런 감정 표현 없이 산부인과에 함께 가보자 했고, 나는 병원에 가기 전까지 걱정과 불안함으로 잠을 이룰 수가 없었다. 산부인과에서 초음파로 임신을 확인하자 그제서야 기쁨을 표현한 남자친구는 결혼을 하자고 했다.

그러나 결혼을 하려면 부모님께 이 사실을 알려야 했고, 부모님께 혼이 날 걱정에 서둘러 말을 못 하고 마음만 졸이고 있었다. 그러던 어느 날 산후조리를 위해 친정에 와 있던 둘째 언니와 큰 언니 이 두 언니들과 함께 방에서 잠을 자고 있는데, 어머니께서 방으로 급하게 들어오시더니 "내가 지금 태몽을 꾸었는데, 임신한 사람이 큰 애 너냐? 아니면 둘째 너냐?"라는 질문을 하시면서 꼭 낳으라고 하시는 것이었다.

그런데 그때 큰언니는 둘째 딸을 낳은 지 6개월밖에 안 되었고, 둘째 언니는 산후조리 중이었으므로 이 둘은 서로 나는 아니라며 손사래를 쳤다. 잠결에 이 이야기를 들은 나는 '드디어 때가 되었구나' 싶어 어머니가 방을 나가시자마자 일어나서 언니들에게 혼이 날 각오로 사실을 알렸다. 어머니의 꿈을 듣고 난 후여서였는지 언니들은 야단 대신 잘되었다며 엄마에겐 언니들이 잘 얘기할 테니, 걱정 말고 결혼하라고 이야기해 주었다.

만일 남자친구가 나쁜 사람이어서 생명을 포기할 것을 권했거나, 모른 척 했다면? 임신 사실을 부모님께 말 못하고 끙끙거린 시간이 더 지속되었다면? 어머니께서 우리 큰 아이의 태몽을 꾸지 않았다면? 그래서 언니들에게 도움을 받지 않았다면 어땠을까? 그때를 생각하면 정말이지 지금도 아찔하다.

천만다행으로 나는 그때 결혼을 하였고, 첫 아들을 낳았다. 그 후로도 하느님께서 당신의 창조 사업에 동참하게 하시어 둘째와 셋째를 선물로 주셨다. 그래서 지금은 2남 1녀의 엄마로 열심히 살아가고 있는 중이다.


혼전의 임신 사실을 모두에게 꽁꽁 감추고 있었는데 그 생명의 존재가 친정 어머니의 태몽을 통해서 백일하에 드러나게 되었습니다. 이 사실은 무엇을 뜻할까요? 인간 생명이 절대 물질적 결과물이 아니라, 하늘에서 오는 영적 실체임을 의미합니다. 태중의 손자가 할머니 꿈에 나타나서 내가 태어날 수 있게 엄마를 나무라지 말고 환영해 달라는 메시지를 보낸 것이지요.

이런 고귀한 존재를 사회·경제적 사유를 내세워서 없애도 되는 것일까요? 사회·경제적 사유 때문에 고귀한 생명을 없애는 선택을 할 것이 아니라, 고귀한 생명 때문에 사회·경제적 사유를 없애는 선택을 해야만 합니다. 위기 임신의 경우에는 위기를 없애야지 아기를 없애면 안 되는 것이고, 이것이 상식입니다. 이 상식이 존중되는 사회를 만들겠다는 의지를 가진 건강한 청소년들이 수없이 나오기를 기도합니다.

청소년들에게 보내는
# 사랑과 책임의
# 성교육 편지 2

ⓒ 이광호, 2020

초판 1쇄 발행 2020년 7월 6일
　　2쇄 발행 2022년 11월 4일

지은이　　이광호
펴낸이　　이기봉
편집　　　좋은땅 편집팀
펴낸곳　　도서출판 좋은땅
주소　　　서울특별시 마포구 양화로12길 26 지월드빌딩 (서교동 395-7)
전화　　　02)374-8616~7
팩스　　　02)374-8614
이메일　　gworldbook@naver.com
홈페이지　www.g-world.co.kr

ISBN　979-11-6536-569-1 (03230)

이 도서의 국립중앙도서관 출판예정도서목록(CIP)은 서지정보유통지원시스템 홈페이지(http://seoji.nl.go.kr)와 국가자료공동목록시스템 (http://www.nl.go.kr/kolisnet)에서 이용하실 수 있습니다. (CIP제어번호 : CIP2020026205)